Plans for Career

职业启蒙教育丛书

学业规划之棋局

学文？学理？如何选专业？如何选大学？

周丽虹 著

北京大学出版社
PEKING UNIVERSITY PRESS

图书在版编目(CIP)数据

学业规划之棋局:学文？学理？如何选专业？如何选大学？/周丽虹著.—北京:北京大学出版社,2013.6
(职业启蒙教育丛书)
ISBN 978-7-301-22432-8

I.①学… Ⅱ.①周… Ⅲ.①大学生-职业选择 Ⅳ.①G647.38

中国版本图书馆CIP数据核字(2013)第081352号

书　　　　名：	学业规划之棋局——学文？学理？如何选专业？如何选大学？
著作责任者：	周丽虹　著
责 任 编 辑：	杨书澜
标 准 书 号：	ISBN 978-7-301-22432-8/G·3609
出 版 发 行：	北京大学出版社
地　　　　址：	北京市海淀区成府路205号　100871
网　　　　址：	http://www.pup.cn
新 浪 微 博：	@北京大学出版社
电 子 信 箱：	weidf02@sina.com
电　　　　话：	邮购部62752015　发行部62750672　编辑部62750673
	出版部62754962
印　刷　者：	北京鑫海金澳胶印有限公司
经　销　者：	新华书店
	730毫米×1020毫米　16开本　19印张　196千字
	2013年6月第1版　2013年6月第1次印刷
定　　　价：	38.00元

未经许可,不得以任何方式复制或抄袭本书之部分或全部内容。
版权所有,侵权必究
举报电话:010-62752024　电子信箱:fd@pup.pku.edu.cn

关于阿拓

我是书的主人公,
名叫阿拓。
我爱踢球、喜欢交朋友,
有时兴趣过于广泛……
关于未来
我一无所知,
但我的内心
充满好奇
还有希望……

出版者的话

本书所介绍的学业规划思路超越了传统的学历教育和职业培训的局限,兼顾课内和课外的学习,贯穿从中学到大学、到研究生、再到职场的四个不同时空,从一个全新的视角解读学业规划中的重重迷局。

看点一:

本书以辩证、发展的视角系统地论证职业的起源、演变、发展及退出的规律,揭示出职业与职业之间的依存关系;本书第一次提出职业经度和纬度的概念,并基于职业的经纬度理论设计出高效、科学的职业转型路径;本书总结出三种最常见的"入错行"的现象,并对兴趣、性格和能力这三个容易混淆的概念做了独特、清晰的解读。

看点二:

本书使用大量的图表,用科学的方法论证从文理分科到大学专业选择,到研究生,这期间一步一步学业规划的思路。兼顾学业的短期决策和中长期规划,帮助读者看长20年,建立专业和学业的大局观。学业如棋,落子无悔。

看点三：

本书提出了大学主修专业的选择标准，并对460多个大学专业做了系统的整理，挤掉"水分"，并推出第一版《大学专业目录快速检索表》及《大学本科主修专业推荐目录》等实用性工具。步步为营，筹划学业棋局。

职业成长三步曲

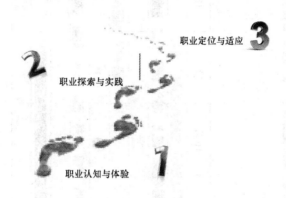

三个阶段的时间、使命及方法：

	职业认知与体验	职业探索与实践	职业定位与适应
时间	高中——大学二年级	大学三年级——毕业后两年	毕业后两年——五年
使命	理念塑造、辩证思考	目标探索、专业实践	心态融入、专业化
方法	阅读讨论、随机体验	有序实践、情景进入	辩证取舍、责任担当

职业的路很长，

让我们抹去匆忙而凌乱的脚印，

从容地向前……

职业成长计划表范例

计划项目	15 岁	16 岁	17 岁	18 岁	19 岁	20 岁
系统学习职业认知及体验方法	▬	■	■	■	■	■
职业辩证思考、质疑与挑战	■	■	▬▬	▬▬▬	▬▬▬	▬▬▬
理解文理分科及学业规划		▬	▬			
专业研究及学业规划	●	●	●	●	●	●
企业参观		●				■
模拟职业体验			●			
性格测评及专家解读	●		●	●	●	●
职业访谈及角色体验	▬			▬▬	▬▬▬	▬▬
职业方向规划						

目录

职业认知篇

第一章 动态职业观 / 3

第一节 职业进化论 / 3

职业不是静止的,而是永续发展的。职业从哪里来,又会向哪里发展,其实可以找到一条清晰的脉络。职业进化论将从一个发展性的视角剖析职业发展的驱动力。让我们站得高,看得远。

第二节 职业生物链 / 10

职业不是一个个孤立的个体,它们是彼此依赖、彼此竞争、甚至可以相互转化的一个有机体。职业生物链理论可以帮助我们建立一个网络,从更宽的视角来重新认识我们身边的职业。

第二章 职业的认知 / 13

第一节 职业的经度和纬度 / 13

行业和职能构成了职业的经度和纬度。本章将从人们最容易混淆的职业概念出发,从新的层面解读最简单的职业分类方法,更精准地洞察性格与职业的关系,以及什么是入错行,什么是高效、低成本的职业转型之路。

第二节 职业生命体 / 22

职业是有生命的,五大生命要素为我们定义出了职业的精、气、神。职业生命要素帮助我们了解如何才能让一个职业具有生命力,以及如何做我们才可以成为一个真正的"职业人"。

第三节 性格、兴趣与职业 / 41

在传统观念中,兴趣和性格一直都是职业规划的出发点。这里主要讨论兴趣和性格是否真的可以给职业找到一个完美的答案,以及我们对自己的兴趣、性格又会有怎样的误解。

学业规划篇

第三章 从职业的角度看文理 / 55

第一节 文理分科与职业方向 / 55

文理分科是我们所"遭遇"的人生第一次职业选择。多数情况下,我们并没有准备好。为什么要分文理,以及文理分科对我们接下来的学业会有怎样的影响。本节重点讨论该不该分文理,文理分科是否弊大于利?以及如何才能做到文理兼修。

第二节 能力、性格及兴趣与文理分科 / 71

在诸多影响文理分科的因素中,能力、性格及兴趣是被广泛关注的三个点。本节重点讨论各种关于文理分科的假设和想象,哪些标准是成立的,哪些则可能会成为陷阱。

第三节 文理分科的决策方法 / 82

文理分科不是赌博、不是算命,更不是靠拍脑袋来做的决定。本节将基于前文的观点和方法为大家梳理文理分科中科学的决策步骤及思路。

第四章 从职业的角度选专业 / 90

第一节 专业选择与职业方向 / 90

从文理分科时的二选一到大学 500 个专业,虽然只有一步之遥,但对于大部分人来说却似乎相隔千山万水。本节重点讨论大学专业的分类,专业的门槛,不同专业大类之间的联系与逻辑,以及决定专业命运的五个关键节点,还有一些零零碎碎的传言和误解。

 第二节 性格与专业选择／118

  性格决定命运,但出乎意料的是,性格却不能决定我们的专业。本节重点探讨性格与专业之间所存在的那种"暧昧"的关系,以及性格测评是否可以给我们一个简单的答案。

 第三节 专业选择的决策方法／125

  和文理分科一样,专业选择也可以是一个科学的、理性的决策过程。本节将帮助大家梳理关键的决策步骤及思路,揭开专业选择的神秘面纱。

第五章 从职业的角度选大学／138

  不同于大学排名或专业排名,本章将延续之前的思路和观点,提出一个大学分类及定位的全新标准,并准备了一份大学调研提纲,帮助大家能更快地走到大学的背后,看清真相。

专业解读篇

引言／151

 主修专业如何选／151

 辅修专业如何学／158

第六章 人文与社会科学／162

第七章 自然科学／173

第八章 工程技术科学／179

第九章 商业管理科学／190

第十章 行为科学与医学／197

第十一章　教育学／202

职业体验篇

第十二章　什么是职业体验／207

第一节　职业体验的现状／209

第二节　职业体验的主要误区／211

第三节　职业体验的有效性／215

第十三章　职业体验的四个层次／218

第一节　家庭职业体验／218

家庭是职业启蒙的伊甸园，也是职业体验的摇篮。家庭中蕴藏着丰富而宝贵的职业元素，然而家庭是离我们最近，却最容易被我们所遗忘的职业资源。

第二节　校园职业体验／220

校园不仅是上课的地方，更是我们生活和职业体验的平台。校园职业体验资源的开发将赋予我们一个更为完整的职业体验环境，将让我们的校园真正地"活"起来。

第三节　社区职业体验／223

社区职业体验是一个被遗忘的角落。社区是家庭、校园和社会之间必不可少的桥梁。每一个新时代的职业公民都应该尊重和重新发现自己身边的社区职业体验资源。

第四节　社会职业体验／226

社会职业体验是狭义的职业体验，也是成本最高、资源最匮乏的职业体验平台。社会职业体验其实是前三个层次的职业体验成果的一种疏理和检查。

附 录 篇

附录一　重要图、表索引／231

附录二　大学本科主修专业推荐目录／236

附录三　大学辅修或研究生专业推荐目录／245

附录四　大学专业目录快速检索表／251

附录五　《快速检索表》使用说明／281

附录六　《快速检索表》编写说明／283

职业认知篇

天生我才必有用？

什么是职业？

职业需要提前计划吗？

职业和职业之间到底有什么联系？

我会入错行吗？

可以按照兴趣选择职业吗？

我可以创造一个新的职业吗？

职业和工作有什么区别？

可以没有清晰的职业目标吗？

我能有多少次选择的机会呢？

第一章 动态职业观

第一节 职业进化论

对于很多20世纪五六十年代出生的人来说,曾经最熟悉的职业类型就是"八大员",即售货员、服务员、理发员、驾驶员、邮递员、保育员、炊事员和售票员。而今,时针指向21世纪,我们身边可以随便数出来的职业恐怕已经有上百种,还不包括数量更为庞大的、相对个性化的职业。按照生物进化的理论来看,在过去100年中,职业进化的速度是非常惊人的。大家不禁会问,这么多的职业到底是怎么产生的,这里面的规律又是什么呢?

最初这个世界上其实只有两个职业:一个是负责织布、做饭的女人的职业;一个是在外打猎耕作的男人的职业。随着社会分工的不断细化,世界上开始出现了专门以打猎为生的猎人,专门负责耕作的农民,专门制作工具的铁匠和木匠,以及专门负责给大家做饭的厨师……这个有机的生命体就这样跟随着人类文明发展的步伐,一点一点繁衍、壮大。

今天,我们的职业大家庭已经远远不止三百六十行。《中华人民共和国职业分类大典》把职业分为 8 个大类，66 个中类，413 个小类，1838 个细类。在我们身边，其实每天都在产生新的职业。我们今天所看到的职业，就这样像细胞分裂一样一点一点地分化演变出来了。当职业的进化图在我们的眼前展开，你会发现它们并不是一个个分散独立的点，而是一张纵横交叉的大网。作为一个站在职业门外的人，要想认清职业的真面目，如果不了解职业进化的规律，显然是难以看清未来千变万化的职业世界的。

让我们先来看看出纳这个职业是怎么产生的。我们知道早先的账房先生是既管现金收支又管记账。那时候能够担当账房先生这个重要职位的人一定是值得信赖的老员工。甚至大多数账房先生都是跟着主人走南闯北、风雨同舟几十年的人。然而，随着商业经济的繁荣，商铺越开越多，也越开越大。并不是所有的老板都能找到像当初的账房先生那样可以无条件信赖的员工，而随着业务越做越大，即便是值得信任的账房先生也不能再无条件地信任了。也就是当账房先生这个岗位不仅需要老板一个人信任，还需要得到更多人的信任时，我们便把原本由账房先生一个人承担的两个任务人为地分割开来，交给不同的人负责：一个人管现金；一个人管记账。两个人既合作，又相互监督。于是原来的一个职业就分解成了两个职业。这样的例子有很多，如测试员、审计员这些职业，在小作坊生产阶段都是自己做的东西自己负责检查，但到了工业化生产的时代，为了降低管理的系统风险，我们便设计了专门负责检查别人工作的岗位。

再比如，以前妇女织布的图案是不用先画在纸上的，要织的图案都在她们心里,因此,她们既是设计师又是纺织工人。然而当织布的工作量越来越多,大家发现必须将原来自己脑子里的图案画出来,才能让更多的人看明白并参与到织布的工作中来,于是就有了专门的人负责设计并把图纸记录下来,这就是设计工程师。所以说,很多职业的产生都是由于生产方式和管理流程的改变而产生的。因此,只要我们对管理的理解和实践方式在调整,职业的进化也将永远处在一个动态发展的过程中。

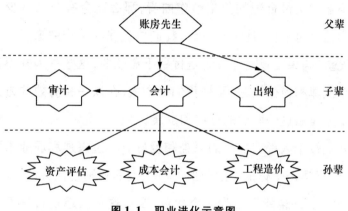

图1.1 职业进化示意图

职业不是从天上掉下来的陨石,也不是从石缝里蹦出来的石猴子,每一种职业都有自己的血缘脉络,也有自己的"兄弟姐妹"。当一种职业逐渐长大、成熟,当它们的环境出现了新的变化,它们就会通过分工和合并酝酿出新的职业,它们之间的血缘关系就是职业可以生生不息、不断繁衍的进化之路。

职业的基本属性

一种职业的存续都需要具备一些先决条件,即有人需要并愿意以某种代价购买或交换这个职业提供的产品或服务。也就是说，职业的存在必须具备两个基本的前提：一是社会存在需求；二是有需要的人愿意支付合理的价格。我们可以把这两个特点称作"有支付力的社会需求"。相反，如果某一服务是社会不需要的，或者没有人愿意付钱来购买这个服务，那么这个职业就会逐步消失。这就是职业的社会属性和经济属性。

比如作曲这个职业。在一个不保护知识产权的社会中，所有人都不愿意支付合理的价格给作曲者，那么就会有越来越少的人从事作曲这份工作，甚至有一天，我们再也找不到作曲家了。从这个角度讲，购买正版唱片或者是付费下载歌曲，这些行为并不仅仅是一个法律和道德问题，而是我们每个人，在以一种有效的方式支持和维系作曲这一职业的存在和发展。

我们每个人都有自己的兴趣和爱好。不过兴趣和职业不同之处在于：兴趣是个体的、生理性的反应；而职业则是社会的、经济性的"反应"。兴趣能否成为一个职业，要看这个兴趣是否具备职业所需要的社会属性和经济属性。比如，你喜欢放风筝，那么放风筝可不可以成为一个职业就要看有没有人会花钱聘请你来放风筝，并且这一酬劳可以支持你的生存，显然这种可能性不大。不过虽然可能没有人会雇你来放风筝，但是喜欢放风筝的你是不是也喜欢制作风筝呢，是否也喜欢推广和传播风筝文化呢，如果是这样，那么放风筝这一兴趣就可以间接地成为你的职业了。

讨论：

家庭主妇算不算职业呢？

一个有趣的话题是家庭主妇是否也可以算是一个有效的职业。要分析这个问题，还是让我们一起来看看家庭主妇这一角色是否具备职业所需要的社会属性和经济属性。首先从社会属性来看，由于现代社会专业分工的需要，家务工作已经越来越成为多数家庭保证基本生活质量的一种需要。无论是保洁、孩子的教育还是老人的护理都已经成为每个家庭必须面对的问题。这就是为什么家政服务行业在很多地方尤其是大中城市的需求越来越旺盛的原因。而家庭主妇这一角色其实是家政服务的一种特殊表现形式而已。再从经济属性上来看，情况就有差异了。根据我国目前的社会管理制度，家庭主妇的经济价值补偿主要由每个家庭自己承担。也就是说，社会及政府并没有提供有效的经济补偿方式。这使得原本具备重要社会价值的家庭主妇角色变成了只有少数有消费能力的家庭的特殊权利。

在很多发达国家，家庭主妇这一个角色所创造的社会价值可以通过家庭税收的减免或各种补贴来得到体现。因为社会为这一具备社会需求的服务提供了有效的经济补偿方式，于是，家庭主妇不再仅是家庭角色，而成为了社会角色，即成为了一个有效的职业。

不是所有的兴趣和爱好都能发展或演变成一个有效的职业,不过没关系,因为我们的兴趣首先会给我们的生活带来乐趣。尤其在工作压力大、身心疲劳的时候,我们更需要兴趣来帮助我们放松心情。更何况,很多兴趣对我们职业的影响是潜移默化的,它们会在你不经意的时候影响到你的工作方式甚至是职业选择。

对于职业来说,社会属性和经济属性二者缺一不可。而一旦你发现具有这两种属性的新的需求,那么你就可以创造出一种新的职业,并成为职业进化的推动者。洞悉职业演变和发展的规律,可以帮助我们用发展性的眼光思考和看待未来的职业。帮助我们找到职业的生命脉络。尤其对于具有更强创造力和个性魅力的新一代职业人,我们将不再满足于跟在别人的屁股后面跑,而是在传承历史的基础上,做一个可以创造并引领职业趋势的职业人!

职业的冷与热

社会在发展,职业在进化。从动态职业的观点出发,今天的热门专业未必是明天的热门职业。今天的冷门专业未必是未来的冷门职业。用辩证的方法,发展性地看清我们眼前的热门和冷门职业,我们的思路才会豁然开朗。

比如,在计划经济时代,白色家电还要凭票购买,那时候,轻工机械类专业曾经风光一时。而到了白色家电产业进入大打价格战的时代,你会发现,轻工机械类专业逐步被人冷落。

随着新科技、新工艺的发展,经济进入了新的阶段,轻工逐步走出传统的家用电器概念,演变成融合了新材料、新工艺,尤其是高精度模具技术和智能技术的全新轻工产业,满足了人们对家电使用功能更简便、更舒适的要求,于是融入新技术的轻工业,又成了新的热点(产生升级是职业青春永驻的秘笈)。

所以,职业是阶梯式发展的。当你刚刚开始认识职业的时候,不应被眼前的热门职业和冷门职业所迷惑。最重要的,不是你知道今天什么热、什么冷,而是去思考明天的职业的趋势,了解职业冷热转化的科学规律。

第二节 职业生物链

和自然的生态系统一样,职业在其进化、演进的过程中,彼此之间也会发展出一个完整的生命依存关系。因为原来靠一个人自己搞定的事,现在需要几个不同职业的人一起合作才能完成。职业和职业之间的依存度变得越来越高,使得职业这个庞大的生命系统得以维系自身的平衡。我们把职业之间这样的依存关系称之为职业生物链。

以我们都非常熟悉的足球运动员这个职业为例,与他有着依存关系的职业有很多,包括足球教练、足球裁判、足球俱乐部、足球记者,还有一定不能忘记的球迷。足球从一个健身或娱乐运动发展成为一项职业运动,在它身上发生的最大变化就是它不再只和踢球的人自己有关系,而逐步演变成一个庞大的职业生物链。这个生物链中的每一个职业彼此依赖,相互制约。

职业生物链可以反映出一个职业与另一个职业之间的服务与合作关系。比如足球这个职业链中,教练显然是为球员提供服务的,俱乐部为教练和球员提供服务,裁判在很多国家是受雇于裁判协会的,为球赛服务。足球记者服务于报纸,报纸服务于读者,而读者就是球迷。这样我们不难看出,这个职业生物链中最后买单的是球迷。如果其中某个职业或某些规则违背或隔断了职业之间的依存关系,那么这个职业的存在就将受到严重威胁。中国足球目前所遇到的种种问题,除了法律的原因外,其实更为关键的原因还是这个职业生物链的依存关系被人为地扭曲。当足球不再服务于球迷,足球的发展也将停止。

职业之间的依存关系不是一对一的,而是一对多的,甚至是多对多的,而且这种依存关系也不是静止不变的。一个职业可以依赖多个职业,也可能支持多个职业。如果用买方和卖方来做比喻,那么一个职业可能会有多个买家(接受服务者)。买家或卖家越多,这一职业的存在价值也就越大。相反,脱离了职业生物链,或者不能履行自己在这个生物链中的责任,那么这个职业也会被大家所抛弃。

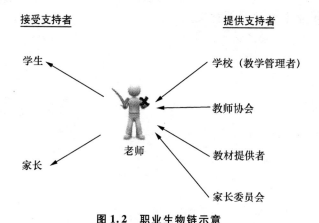

图 1.2　职业生物链示意

用职业生物链的方法,我们在观察和分析一个职业的时候,看到的就不再只是一个孤立的职业,而是一个个相互联系、彼此依存的职业生态圈,因此,职业生物链的概念可以帮助我们拓宽自己的思路,只有站得更高,才能看得更远。

不仅如此,职业生物链还可以为我们揭示出一个重要的规律,即职业转型的规律。每个人的职业生涯中都可能存在不只一次转型和跳跃的机会,但在看似随机的职业跨越中,其实多数情况下会发生在同一条职业生物链上。比如教师转向教师协会工作。同一职业生物链上的转型成本更低、效率更高,原有的职业经验可以更顺利地嫁接到新的工作中。

有人说,你可以通过9个人认识世界上任何一个人,包括美国总统和比尔·盖茨。而从职业的生物链的角度,我们也可以一点都不夸张地说,你可以从任何一个职业出发,顺着职业生物链,找到世界上几乎任何一个职业。因此,职业生物链理论将为我们插上思想的翅膀,给我们更宽的视野,更灵活的思维,对我们每个人一生的职业生活管理都意义重大。

第二章 职业的认知

第一节 职业的经度和纬度

中国人有抓阄的习俗,就是在小孩一周岁的时候,选一些诸如算盘、毛笔、尺子、小刀之类的东西让孩子随意抓,用这样的方法来预测孩子未来的职业。当然,对于年轻的爸爸妈妈来说,抓阄这种行为更多的意义还是一种娱乐和愿望,因为其结果很难得到科学的证明。

前面我们曾经提到目前已经被定义的职业有1800多种,这还不包括那些不断产生的新的职业。面对这么多的职业要想搞明白自己未来可以做什么,的确是一个非常复杂的过程。如果没有一个简单、操作性更强的方法来帮助我们分类,我们可能还真的不得不依靠像抓阄这样的土办法来选择自己的职业了。所以,我们这里就给大家介绍一种比较简单的职业分类方法,即行业[①]—职

[①] 行业是指生产同类产品或提供同类服务的所有经济活动总称。如餐饮行业、服装行业、机械制造行业、金融服务行业、咨询行业等。在英文中,我们用 Industry 来表示行业。行业是职业经纬度中的经度。

能①分类法。通过这个方法,我们可以从这么多混乱的职业概念中更有效地理出线头,打开职业的黑匣子。我们把这种"行业—职能"分类法中的两条线称为职业的经度和纬度。

在很多人的理解中,行业和职能这两个概念经常是被混在一起的。其实它们之间的差异非常大。通俗一点说,行业可理解为一群机构,做的是类似的产品或服务。职能可以理解为一个机构内部的不同功能性团队。不同的行业可以包含同样的职能岗位。

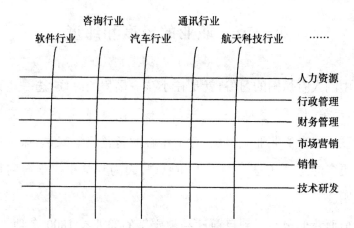

图2.1 职业的经度、纬度示意

人们经常会问:"将来你做哪行?"这里的行业既可能是指行业,也可能是指职能,而有了行业和职能的概念,我们就可以更快地把看似杂乱无章的职业进行快速的分类,于是复杂的问题一下会变得简单、清晰起来。

---

① 职能有多种定义。这里的职能指一个组织机构中具有相对独立、完整的工作职责和流程的功能性岗位。英文 Function 一词表示职能,而 responsibility 一词侧重职责,是相对狭义的职能。我们常见的职能一般有6种,即人力资源、行政、财务、市场、销售和研发。职能是职业经纬度中的纬度。

六大职能定义

现代组织管理中所包含的职能通常可分解为六大模块,即人力资源①、行政管理②、财务管理③、市场营销④、销售⑤和技术研发⑥。而每一个职能都有其不可替代的作用和意义。

在六大职能中,与专业对口率最高的就是产品研发。本书所附的《大学462个专业快速检索表》中,理论科学和工程技术科学

---

① 人力资源管理:是为机构内员工和团队整体发展提供专业化服务和流程管理的职能部门。人力资源管理可细分为招聘、培训、员工关系、组织发展、福利等二级职能。

② 行政管理:所有对核心工作流程起支持、协助的工作都可以统称为行政管理。如秘书、助理等。现在,很多企业除了有专门的行政团队外,其他各个职能部门也会单独设有自己的行政助理。

人力资源与行政管理这两个职能在一些机构经常被混为一谈。简单讲,人力资源管理是以人为中心,而行政管理是以事为中心。人力资源管理通常服务于整个机构,而行政管理大可到机构,小可到个人。

③ 财务管理:就是管理现金、账务并协调税务、银行等事务的工作。随着企业管理的精细化,财务管理已经从简单的记账,衍生出包括预算、审计、成本控制、风险管理以及投融资管理等在内的不同层次的管理二级职能。我国虽然中低端财务人员很多,但具备企业管理经验和精深专业知识的高端财务管理人才仍然稀缺,尤其是管理会计、金融分析等专业人才奇缺。高端人才的短缺大大限制了我国企业的规模扩张和资本运作、风险管理的能力。

④ 市场营销:是指以机构可持续性市场成长,提高综合客户服务能力,优化企业品牌为目标的职能部门。市场营销可细分为市场调查、公共关系、市场策划、渠道管理、广告文宣、品牌管理等二级职能。市场营销属于机构的战略管理部门,它与销售是两个非常容易被混淆的概念。二者的最大区别是市场营销是以长期发展为目标,而销售是以短期生存为目标。市场营销是现代大型企业可持续发展战略中必不可少的职能,它可在一定程度上反映出现代企业管理的先进性和前瞻性。

⑤ 销售:是指在前台或客户端工作,直接与客户沟通,并以成交为目的的推销者。销售是六大职能中唯一在前台工作的人,而其他五大职能理论上都属于后台工作。销售是一个表现形式灵活且相对分散的职能。广义的销售不仅局限于在柜台前销售有形产品的人,而是涵盖了所有具有同类功能销售非有形产品的人。如咨询行业的顾问、客服中心的电话专员,以及新闻媒体中的记者。另外,许多政治家、外交家所做的工作其实都属于销售的范畴。只是他们推销的是国家、群体的利益、信仰、文化,而非具体有形的产品。有些人可能把销售这个职业看得很低贱,其实那是因为他们不理解销售的真正意义和内涵而已。

⑥ 技术研发:是指专门研究产品的技术创新、技术安全及技术实施方案的职能部门。各个行业因产品不同,其技术差异也会不同。比如石油行业的技术研发主要指石化技术、开采技术等;服装行业的技术研发主要包括裁剪工艺、织染技术、新材料技术等;电影行业的技术研发指影像技术、剪辑技术等。

的专业占了 286 个,相当于 60%。这说明,技术研发职能对专业的依赖度最大,且在大学阶段细分的程度也最高。相反,其他五大职能和专业的联系并不是很大。因为这五大职能对从业者的通用职业能力和综合素质(如沟通表达、团队精神、责任感、学习能力等)的要求更高。此外,与技术研发不同的是,其他五大职能的大部分职业经验、能力和知识都可以在工作中获得。它们对课堂书本教学的依赖性也不强。从这一点我们可以看出,培养和发展自己的通用职业素质和能力,就可以大大拓宽自己的职业路径。

在六大职能中技术研发的入门门槛显然是最高的。因为它不仅需要通用职业职能,更需要技术训练。正因为这样的高门槛也为技术研发职能向其他职能的转型提供了更好的条件。传统观念认为学技术的人就要做一辈子技术的观点早已成为过去。越来越多的优秀技术研发人员在职业进入转型期后进入到人力资源、销售、市场营销等部门。只要学习技术的同学可以做到文理兼修,同样注重培养自己的通用职业能力,那么他们职业的可持续发展以及转型的优势就会非常明显。相反,非技术研发职能要往技术研

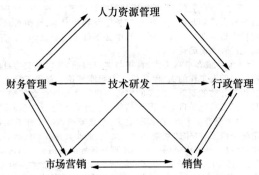

图 2.2　六大职能岗位转型路径示意

发岗位转型几乎是没有可能的。

行业与职能的关系

首先,行业永远处于不断变化之中,而职能则是相对稳定的。

我们经常用三百六十五行来泛指形形色色的行业,可见行业分类之复杂,且随着科技的革新及职业的进化,不断有老的行业陨落,也不断有新的行业分化、蜕变出来。比如随着液晶技术的普及,显像管行业已经在相当程度上被新技术产品所取代。北京人所熟知的798艺术区等老工厂区,里面其实就有很多已经消失的行业的痕迹。而生活理念与科学技术的革命正是这一行业更替与进化背后的真正推动力,所以,如果有人问"到底有多少行业呀",我想是没有人能回答这个问题的。因为这是一个变数,且变化的速度比我们想象的要快得多。

表2.1 行业与职能的特性比较

	范围	数量	稳定性	与性格的关系
行业	组织之间	几百个	不稳定、不断更替	无直接关联
职能	组织之内	六大职能	相对稳定	关联紧密

相反,在过去现代企业管理制度被逐步推广的几十年中,六大职能概念基本没有发生质的变化。可能称谓发生了变化,或者在组织内的地位在变化,但职能的性质和核心内涵并没有改变,一直处于相对稳定的状态。因此,对于刚刚开始认识职业的读者,以职能作为切入口来进行职业分类是更为简单、有效的。

其次,行业和职能对人的性格特质的依赖度不同。

一个人会进入哪一行业,可能的影响因素是很多的。比如你的父母在哪个行业,最好的朋友进入了哪一行,哪个行业的企业更愿意在你所在学校组织校园招聘等等。本书第一章中有相当的篇幅在论证,选择职业并不依赖性格,或者说任何职业都可以为不同性格特质的人提供发展空间。如果把职业的概念再细分为行业和职能两条线来分析,那么**行业与人的性格特质之间几乎找不到明显的逻辑关系,而职能与性格则表现为相对紧密的逻辑性**。所以从性格的角度看,我们经常所提的"入错行",其实主要说的是入错了职能,而非入错了行业。

表 2.2　六大职能主要性格偏好比较

职能类型	系统	弹性	理念创新	务实规范
人力资源	√			√
行政管理	√			√
市场营销	√		√	
财务管理	√			√
销售		√		√
技术研发	√		√	

特别说明:1. 表中的性格维度依据 MBTI 性格理论。
2. 此表只提供定性分类,不具有定量统计依据,仅供读者参考。

三种最为典型的"入错行"都发生在性格与职能的错误匹配上

错位现象 1:前台的性格与后台的职能错位匹配。六大核心职能中,除了销售职能外,其他五项职能都偏向于后台工作。对很多性格特别外向,做事务实,注重眼前目标且缺乏耐性的人来说,从事后台的工作会很难获得成就感。他们更适合做销售、顾问等前台的工作。这样的工作互动性强,现场成单所带来的挑战性和成就感对他们会更有吸引力。

错位现象2：非研究型性格与研究型职能错位匹配。在六大核心职能中，技术研发和市场营销两类职能中的相当一部分工作属于理论研究和数字分析的内容。虽然这两个职能看起来差别很大，但它们却都需要从业者具备相当的分析和研究的能力。如果是非研究型的人做了研究型的工作，会觉得非常无趣，甚至可能会感到非常大的压力。反之，一个研究型的人才让他去做非研究型的工作，他不仅会失去突破性思维的成就感，而且容易被误解为不务实或好高骛远。

一个典型的例子就是适合做销售的人做了市场营销的工作。天天看资料、分析数据、做报告、谈战略，并需要等待几个月甚至一年来实施一个计划，显然会让他失去动力和耐心。而如果转到了销售的岗位上，他却可能成为一把好手。

错位现象3：非常有弹性、思维跳跃的人如果进入到对流程和工作精准性要求严格的岗位，如有的行政管理或技术研发的岗位就是这样。可以想见，他们会把事情搞得一团糟。对于喜欢新鲜和变化的人来说，严谨、琐碎的事务性工作不仅不能调动出他们的灵感与激情，反而会让他们在工作中漏洞百出。相反，这样的工作非常适合系统型性格特质的人，他们会如鱼得水。比如英式管家。英国人之所以能把一个琐碎的家务工作做得井井有条，成为一个品牌，其实与其民族性格更偏向系统型不无关系。而弹性性格的人显然更适合做变化性强、需要现场灵感的销售类工作，比如现场记者、主持人、顾问、销售等工作他们会感到得心应手。

其实，性格与职能的错位匹配远比选错行业更普遍、更具有广泛的借鉴价值，所以说，从性格的角度来说，选对职能比选对行业要重要得多。职能与性格错位的后果严重时会使人的个性被压抑甚至被扭曲，因此，我们在选择职业时，应首先选择更适合自己性格的职能，而不必过于发愁选错行业。

在很多人眼里，职业只是一个一个分散的点，它们之间的联系模糊且混乱。而当我们按照职业的经度和纬度两条线来重新对职业进行整理时，职业和职业之间的联系便会一下子显得清晰起来；职业不再是零散无序的点，而是一个个彼此相连的坐标。

职业转型与职业经纬度

在大部分人的职业生涯中都会遇到1—3次或纵向、或横向的职业转型机会。很多人认为职业转型意味着不确定性，风险难控。其实，职业转型的过程是有规律可循的。根据职业经纬度理论，**我们把科学的职业转型分为两种：一种是在同一个职能纬度上从一个行业跳到另一个行业，即横向转型；而另一种则是在同一个行业经度上从一种职能跳到另一种职能，即纵向转型。这两种经典的职业转型途径其实是成本最低，而成功率、效率最高的。**

所谓职业转型的成本：一是指跨行业、跨职能的技术壁垒；二是指转型后既有经验和知识的迁移和利用效率。科学的职业转型意味着需要跨越的技术壁垒较低，以往经验和知识的利用率较高。而违反了科学的转型规律，没有章法随意地转行不仅增加了失败的风险，而且不容易被他人所理解，同时也会打乱职业的可持续发展的逻辑。

对于那些准备或刚刚开始工作的年轻人来说，想一步到位找到自己的理想工作其实是很难的，尤其是很多人还不知道自己真正想做的工作是什么。故而，转型不仅对于职业发展遇到瓶颈、需要实现跨越式发展的人来说具有价值，对于很多正在摸索职业方向的年轻人来说更是不可避免的，而把握好职业转型的规律非常重要。理性处理职业转型的问题是我们职业长期健康发展的保证。那些跟着感觉乱跳，或者因为一点不高兴的事儿就跳槽的非理性转型不仅会伤害到社会，更会伤害到自己的职业前途。

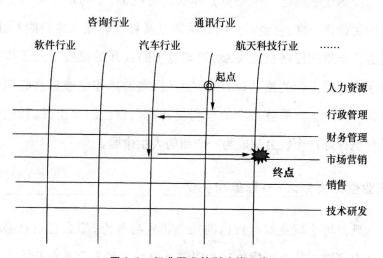

图 2.3　经典职业转型路线示意

第二节 职业生命体

职业有生命吗？是的。我们可以看到有的人面对职业时会垂头丧气，而有的人却能把自己的职业经营得出神入化。那么是什么赋予了我们职业人的精、气、神呢？

我们知道职业需要具备某种社会属性。这里面包含两层含义：一是任何职业都代表一种社会角色；二是一个人成为职业人的过程其实就是从一个自然人蜕变成为社会人的过程。这里，我们不想给职业加上一个政治或道德的高帽子，但作为社会机体中的一个细胞，任何职业都需要具有被认可的社会价值和意义，否则，职业不可以成为职业，人更不可能成为职业人。

要想让职业这个生命体充满活力与内涵，如同这个世界上所有的生命体一样，它也需要阳光雨露以及可以转化为能量的养分。过去几十年的经济快速发展，越来越多的人开始摆脱了几千年来为了生存而工作的束缚，可以更加自由地选择和创造自己的职业空间。而当主宰职业生命的权利交到我们自己的手上时，我们该如何把握好这个机会却成为一个新的人生命题。

职业生命要素之一：形象和礼仪

既然每个职业都有自己的社会角色与身份，那么它也就必然需要有可以向社会有效传达和印证其身份的形象及礼仪标准。这里所指的形象不仅指穿衣打扮，而是包括与之相连的气质、风度和行为方式。职业形象和礼仪是我们职业身份的一种符号，它可以传达你对自己职业的理解、情感和归属感。我们经常所说的"第一印象"就是指职业形象和礼仪。

每个职业人都有要遵守的职业形象和礼仪规范。这是职业所包含的工作环境、工作内容和工作方式的外在表现。不夸张地说，职业形象与礼仪有时会对人们理解和认同这一职业背后的文化、理念起到非常关键的作用。比如，当你看到一个穿着脏兮兮工作服的清洁工，虽然在理智上你可以理解他们整天与尘土为伴的工作条件，但在情感上，几乎没有人会把眼前一个灰头土脸的人和整齐、干净这样的概念联系起来。为了改变这一职业形象，一些服务行业的管理者率先开始让清洁工穿上合体、整洁的纯白色制服，并进而赋予他们比单纯的清洁更高的职责，即引导并协助客人养成好的卫生习惯。他们会在你洗手的时候帮你拿纸擦手，甚至会在你如厕的时候提醒你把门关上。职业形象和礼仪的改变，不仅改变了人们对清洁工这一传统职业的直观感受，更改变了这个职业在社会中的地位与价值。因此，我们说职业形象和礼仪的内涵其实远远超出服装本身。管理者的工作之一就是对自身职业所包含的形象和礼仪信息做清晰、完整的定义，这也是一个不断创新的过程。

职业形象和礼仪是职业生命体中的核心组成部分，它可以直观地反映出职业人对自己身份的认同与理解。以大家最熟悉的校服为例。有的人认为，校服是学校要求穿的，它对自己没有什么具体意义。其实，校服所代表的是学生的特定身份，而如何穿校服则反映了你对自己学生身份的认同和归属。也许,我们有充分的理由不喜欢自己的校服款式,但是如果我们从内心接受这个身份,那么就需要接受这个身份所使用的形象和礼仪符号。否则,你就会与你所在的群体格格不入。校服仅是学生装的一种。即便是在校外,在家里,学生的身份其实也并未改变,所以我们也同样需要尊重并接纳与学生身份相匹配的服装、服饰和行为方式。相反,如果脱了校服就打扮得和成人一样,或者穿得像个洋娃娃,其实都是在背离自己的社会身份。

正如同我们会要求老师的形象朴素、有亲和力,因为这更符合教育者的职业身份一样,虽然学生还不是职业人,但学习关注形象和礼仪的细节却是一个学生能够最终成长为一个成功职业人的必要条件。**对职业形象与礼仪的关注是职业、专业化的重要标志。它可以使一份普通的工作成为一个真正的职业,也会使一名普通的员工成为一名受人尊重的职业人。**大家也许听说过,以技术创意而著名的谷哥公司就鼓励它的工程师们穿上牛仔裤和T恤上班。有人认为这是公司对员工的形象没有要求。其实正好相反,这是因为创意性思维需要开放、自由的职业形象。此外,没有人会接受一个军人戴着军帽却穿着休闲服的样子,也很难把一个在酒吧打架的小混混和职业球员联系在一起。而这些不和谐的现象都是由于我们对自身职业所包含的形象和礼仪的理解与坚持出现了问题。可以说,职业形象和礼仪是职业内涵与精神的延伸,是一个职业人不可分割的身份象征。它在更多的时候是以非语言的方式来表达的。而**观察一个职业的第一步就是从观察它的职业形象和**

礼仪开始。

正因为我们对形象和礼仪的忽略,虽然很多学生从小学一入校一直到高中毕业都在穿校服,但却有相当多的同学不清楚该如何穿校服。有些校服穿在身上非常邋遢,袖子都超过手了也不知道应该卷起来;有些校服一看就知道很长时间没洗了;还有的男同学因为夏天太热,干脆光着膀子穿校服。如果在学校放学的时候你到校门口去走一走,就会看到这样那样看起来很不规范的校服礼仪。因此,在这里我把经常发现的一些不规范的校服形象和礼仪问题做了六点总结。

1. 衣服的拉链不可完全敞开。拉链最低不要低于拉链四分之三的高度。

2. 校服的袖子如果太长,需要整齐地卷起到手腕部位。

3. 校服上衣的长度不得长过大腿根。校服下摆如果有松紧

带,要提到胯部位置。

4. 校服如果是运动服,不能和皮鞋相配。可配运动鞋和休闲鞋。

5. 如果是运动服,不可光膀子穿校服,或者穿低领背心。

6. 如果是运动服，女生的长发需要梳起。见下图：

对校服形象和礼仪的忽视，不仅伤害到学生本身的形象和精神状态，更为严重的是，这种对形象和礼仪的意识缺失使得很多同学到了准备去面试的时候还不知道如何搭配和整理自己的衣服，不清楚如何在不同的场合选择、搭配得体的服装。而知道面试时该如何化妆的女生更是寥寥无几。

职业形象和礼仪就是一个职业精、气、神的外在体现，而它却是许多国人最容易忽略的职业元素。职业形象与礼仪并非"表面功夫"。缺乏这一意识和能力所带来的负面影响不仅会延伸到一个人对生活环境的审美能力，甚至会影响到对环境卫生、社会秩序等问题的理解与应对方式，所以说，这个看似简单的一步却是我们塑造和维系职业生命的关键一步。培养职业形象与礼仪方面的良好习惯绝非一日之功，不可能靠面试前的几天临阵磨枪来解决。职业形象和礼仪可以从如何穿校服开始，甚至从我们家庭生活的点点滴滴中积累和打磨。

职业形象与礼仪的三项基本功

职业形象与礼仪并非高深莫测的科学,也并非深奥的哲学。不管你现在是学生,还是老师,或者已经是一个职场人,我们每个人、每一天都可以坚持做好三件事,这三件事就是我们职业形象与礼仪的三项基本功:

形象与礼仪基本功之一:整洁着装。

衣服不需要名牌,但一定不能少的是整齐、干净。名牌只是贴在我们脸上的标签,而整洁的形象才是我们的脸面。注重着装并非虚荣,而是一个人对自己社会公共形象的爱护与尊重。注重着装和一个人的政治立场无关,和民族信仰无关,甚至和人的知识学历无关,它是职业人自尊与自爱的体现。

每天出门前,花一分钟照下镜子。检查一下自己是否衣衫不整,头发是否梳好,衣服是否得体。只有大家真心关照自己的着装,我们才会真心关照自己在他人眼中的形象,才会真心感受自己所生活的环境以及自己身边的人与事。注重着装并不仅仅因为升旗仪式上老师会检查,也并不只是在面试前临时买一套西服和领带。注重着装意味着我们会关心自己在他人心目中的形象,意味着我们希望被环境所接受。

形象与礼仪基本功之二:保持微笑。

微笑,不仅是一个习惯,更是一种职业态度。微笑,不仅是对自己熟悉的人,更是对与你目光相遇的所有陌生人的一种礼貌。作为职业形象和礼仪的第二项基本功,微笑可以最直接、最简单地反映出一个职业人自信的气质与态度。尤其对于生活在大城市里的人,当我们面对太多的陌生人时,请依然不要忘记保持微笑。

有的人可能不理解,微笑只是一种社交工具,对于与自己没有关系的陌生人为什么也要保持微笑呢。的确,如果我们只把自己的职业局限在一份工作的范围,那么工作之外的人的确与你没有关系。如果我们把职业放宽到更大的社会关系和职业生态链中,那么你身边的很多陌生人其实都和你的职业存在联系。

虽然我们不敢说,每一个懂得微笑的人都可以在职业上步步高升,但可以肯定地是,一个不懂得微笑的人,他在职业上的发展空间会非常有限。这个"看不见"的玻璃屋顶其实就隐藏在他的微笑中。可以说,微笑不是简单的礼貌问题,它是职业人自信的体现,可以反映出我们对与他人之间的广泛社会关系的认知能力。

形象与礼仪基本功之三:爱护环境。

一个职业人需要具有对环境的敏锐的感受能力。以往,我们把爱护环境当作一种道德标准来提倡,而我更愿意把爱护环境看做是一种基本的职业能力。爱护环境并不仅仅意味着不随地吐痰,不乱扔垃圾,它还意味着我们能够在安静的办公环境中主动意识到不大声喧哗,意味着我们每次开会结束时会主动检查自己的桌面和地面是否干净，意味着我们会在需要排队的时候不会插队等等。随着我们对自己社会角色和社会关系的理解逐步深入，爱护环境将超越道德的范畴，内化为我们与环境共存的一种能力。一个爱护环境的人通常是一个可以和他人、团队和谐共处的人。一个具备环境意识的人也会自然而然地具备责任意识。而这项职业基本功不分学历、不分地位、不分角色，是每个职业人每天都可以并应该做到的。

很多人以为，没有分数没有学历就没有一切。事实上，没有分数没有学历并没有那么可怕，如果我们不懂得基本的职业形象和礼仪，我们将无法在这个社会上生存，更无法成为一个体面的职业人。现在，让我们闭上眼睛想象一下，你的面前出现一个着装整洁、得体，面带微笑并能够与周围的环境和谐相处的职业人。你一定会喜欢上那个人，而那个人应该就是你自己。

职业生命要素之二：成就感

成就感，简单地说就是我们每个人从职业中发现并获得的满足感。成就感并不等同于他人的评价，成就感也不需要很高尚。生活中可以给我们带来成就感的事情有很多，而发现和捕捉这些成就感的能力却因人而异。小的时候，我们可能因为自己比同伴更早地学会轮滑而获得成就感；上学了，我们会因为自己总是比同学早半小时完成作业而获得成就感；生活中，我们会因为自己带领几个好朋友一起做了一件很好玩的事情而获得成就感。现在长大了，我们会因为在母亲生日那天给了她一份特别的惊喜而找到成就感；或者因为第一次成为自然博物馆的志愿讲解员而找到成就感。成就感就这样随着我们一点一点地长大了。

成就感并非来自某个伟大的理想，而是来自一次又一次具体的行动和体验。成就感的大小与道德的高低无关，而是取决于每个人对生活内涵的感受能力以及为自己设定的目标。如今，因为有了发达的传媒，我们可以从电视、报纸上看到很多所谓的名人和成功人士。于是我们开始产生了错觉，误以为只有"那样的成功"才叫成就。其实，成就不分大小，成就感都可以是一样的。善于捕捉成就感的人需要有强大的内心和成熟的自我激励能力，而并非依赖于外界的评价或追捧。当我们的视线远离聚光灯，聚焦到生活的细节中，你会发现自己更容易获得成就感。

成就感是一个职业生命得以维系、发展的内在动力，它使我们通过内在的价值评判而赋予职业以特殊的意义。理论上讲，内心的成就感可以完全独立于外界的评价标准而独立存在，因此即便这种特殊意义非常主观也没有关系。一旦为职业赋予了个性化的意义，且可以持续，我们的职业生命才可以在内心扎根、成长。

正是由于成就感评价的主观性，才使得同一个职业对于不同的人具有了完全不同的意义。比如护士这个职业，有的人的成就感来自对专业技术的掌握，有的人则因为感受到接受自己帮助的人的感激之情而获得成就感。二者的成就感都可以很大，但出发点却明显不同。

对职业成就的感受力层次越丰富，程度越深，我们所获得的成就感就越大、越稳定，我们的职业也可以说就越成功。当我们在职业中遇到挫折、失败的时候，能够让我们保持乐观，并积极应对困难的内在动力来源于我们能时刻感受到的职业成就感。职业成就感好比我们身体内的造血器官，它可以保证我们在任何情况下都可以获得新的能量。相反，如果我们没有能力找到自己职业的成就感，那么我们就会像寒风中的小草那样的脆弱，一点点风就足以将我们连根拔起。在我们的身边，你会发现很多人习惯经常抱怨，永远不满意自己的工作，频繁跳槽。究其根本原因，就是因为他们没有能力挖掘职业的成就感。

内在的职业成就感具有真正的平等性。不管我们生来是贫穷或富有，是天才还是智障，在感受成就感方面，我们每个人的机会是平等的。这和很多人看似成功却不能获得内心的满足，而一些生活并不富有的人却可以很幸福的道理是一样的。你会选择做一个内心能够感受到幸福且成功的人，还是会选择做一个在别人眼里成功但却在自己眼里不幸的人，完全在于自己。

职业生命要素之三：职责

职业生命五大要素中，职责是人们最熟悉的，也是管理者们最重视的一部分。所谓职责就是指一个职业人在具体岗位上所需要承担的责任。职责是职业人社会价值的直接体现。如果一个人不了解或不履行自己的职责，那么他一定是不合格的职业人。如果一个群体都不能履行自己的职责，那么这个职业也就失去了存在的社会意义。比如菜农的职责是为市场提供无污染的蔬菜。如果菜农不能履行自己的职责，不能确保蔬菜的安全性，那么大家就会自己种菜，于是社会也就不再信任并需要菜农这个角色了。同样，如果秘书不愿意关注琐碎和细节的工作，相反需要领导时刻提醒并督促自己留心细节，那么我们可以相信这位领导很快就不需要这个秘书了。

当每个职业人都能完整地履行自己的工作职责，不同职业之间才能做到彼此信任，相互合作，所以说，职责的履行是一个职业实现社会价值的前提。相反，如果我们背离了自己的职责，除了法律和道德责任外，最严重的惩罚就是失去社会对自身职业角色的信任。如果职业彼此之间不能互相信任，职业分工秩序将被打破，我们的社会于是将退回到自给自足的社会，每个人自己负责自己的吃、穿、住、行，于是也就没有了今天的职业和职业人。

特别要注意的是，职责并非局限于雇主对岗位的定义。它的内涵应该超越雇佣关系，甚至超越单纯的商业活动，适用于所有职业个体与社会的关系。很多人认为只有工作岗位说明中的职责才是自己的职责，其实这远远不够。如果老板告诉你去欺骗消费者，你是否应该履行这样的职责呢？如果企业的行为伤害到了社会安全或地球环境，你又该不该去遵守这样的职责呢？这样的问题看似很荒诞，但其实离我们每个人的生活并不遥远，所以说，**在企业职责之前，职业人还需要承担对社区、对社会以及对环境等不同层次的职责。职业人对职责的理解越清晰、层次越丰富，这个职业的**

社会价值才会越大。

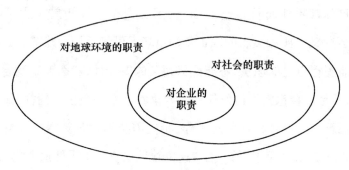

图 2.4　职责的外延示意

我们今天社会中所出现的各种信任危机,很大程度上是因为大家的职责意识和职责的履行方式出现了问题;或者由于我们对职责的理解过于片面、狭隘。职责,让我们成为可以信赖的职业人。职责,让社会分工得以有序进行。想一想,当我们可以相信保安会在危险出现的时候能够保护我们的安全,相信售货员不会缺斤短两,相信自己写的文章不会被别人侵权,相信自己的劳动可以得到别人的尊重时,有谁还会质疑这些职业的社会价值呢?

职业生命要素之四:团队

我们说职业属于一个社会生态链,这就是说职业人需要在不同的层面与他人进行合作。我们把这种承担或分享共同的使命、目标、职责,并彼此协作的关系定义为团队。团队是职责的一种载体,它保证了我们的职业生命具有鲜明的社会特征。相反,如果失去了与团队的依存关系,职业人也就失去了他的社会空间。

　　团队的概念,在某种程度上可以等同于集体。比如我们所熟悉的班集体、学校、家庭、单位等。不过,团队这个词比集体更抽象,适用性也更广,层次更为丰富。甚至有的团队是我们看不见、摸不着,成员之间彼此不熟悉的。比如世界各地的艾滋病患者,虽然他们彼此并不认识,甚至远隔千里,但他们完全可能因为共同参与了"艾滋病预防"的宣传而成为一个紧密相连的团队。再比如2008年北京奥运会,当时几乎所有生活、工作在北京的人都会有一种共同的荣誉感,大家作为"中国形象"的代言人而成为一个团队。此外,还有我们所生活的社区、同乡会等团队。如果你能清楚地感受到你和他人之间的纽带,能定义出这个群体所共享的使命和责任,那么对你来说,这个群体就可以算是一个团队。

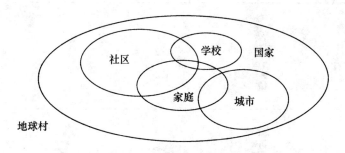

图 2.5　团队的层次示意

　　学习发现并巩固我们与其他人之间有意义的联系,包括陌生人在内,寻找并维护自己对团队的归属感,是我们每个人从家庭走向社会、从私人空间走向更广阔的职业空间的至关重要的一步。

团队＝共同使命

有一个很容易被大家忽略但却更为重要的概念就是"平级团队"的概念。通常，一提到团队，大家会很快地想到"领导与被领导"，即上下级间纵向的团队关系。例如老师和学生、组长和组员、家长和孩子的关系。然而在一个真实的职业中，我们至少有一半以上的时间是和平级的伙伴在协作，而与自己的领导或者下属相处的时间一般并没有想象的那么多。比如和跨部门的同事、合作伙伴以及客户之间的关系都属于平级团队关系。因此，平级团队

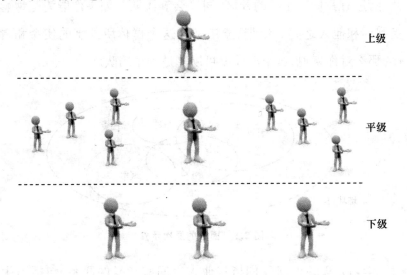

图 2.6　团队的三个典型空间层次

是团队概念中一个非常重要的部分,是职业人的人际管理模式从简单走向成熟、从单线走向立体的标志。而这也是我们今天很多职场人士最缺少的重要理念和技能。

表 2.3　平级团队的意义

情景	影响方式
学校	以平级团队的关系处理与同学之间的关系
生活	以平级团队的方式处理与朋友之间的关系
家庭	长大后以平级团队的方式处理和父母的关系
工作	以平级团队的方式处理跨部门协作及老客户关系

由于受到几千年封建等级观念的影响,中国人更注重的是单纯的上下级关系。但在今天的职场中,平级团队的影响面已经变得越来越广泛和深刻。比如领导力[①]对平级团队的意义其实就比它对上下级团队的意义更大。有人误以为,只有做领导才能体现自己的领导力。很多学生从小就在班里竞选班干部,在学校里竞选大队委,参加各种选秀和竞赛活动以希望证明自己的领导力。然而我们却经常忽视在平级团队中表达和证明自己的领导力,而这里才是更能证明领导力的地方。因为在平级团队中没有头衔赋予你的权力,真正能够帮你实施自己的想法、保护自己的地位的只有你的领导力。可以这样说,在未来,平级团队意识和与此相关的领导力将决定一个职业人的职业成败。

---

① 领导力不是一种权力而是一种能力。它不是领导才有的能力,而是每个接受或执行职责的人所必备的能力。领导力是个体对职责的担当能力,是对他人积极的影响能力,是对资源的有效把握能力,是对问题的判断能力,所以领导不等于领导力,领导力是一个团队中每一个人都需要具备的能力。

表 2.4 缺失平级团队观念所导致的问题

范围	问题
家庭	虽然长大了,却不知道如何与父母平等交流
朋友	只是生意和利益关系而缺少友情
工作	不懂得如何跨部门合作,遇到问题找领导 与领导和下属之间无法建立深入的朋友关系

平级团队与上下级团队体现了团队概念中横向和纵向两个不同维度,它们彼此相辅相成,互为支持。一个好的领导必须首先成为一个好伙伴、好战友;而一个好下属,也需要学会做领导的好朋友。今天的职场中,平级团队已经变得越来越重要,但平级团队概念却是很多国人所缺失的重要一课,因此,重视和培养平级团队的领导能力将会大大增加我们职业生命的宽度与深度。

职业生命要素之五:专业性

职业生命体中的第五个重要元素就是专业性。一个职业的经济价值就是通过其提供的产品或服务的专业来衡量的,且这种专业性需要具备某种不可替代性。现代社会分工的细化使得专业性对于职业的重要性越来越高。当然,专业性不等同于学历和文凭。专业性至少包括四个方面的内容,即专业态度、专业知识、专业能力和专业资源。

在专业性的四个组成部分中,专业态度所占的比重应该是最大的。态度决定一个人是否具有足够的动力去获取专业知识、锻炼专业能力以及积累专业资源。用人们经常会说的一句话做比

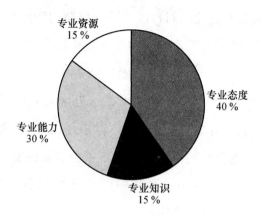

图 2.7　专业性的四个组成部分比重示意

特别说明：表中数据不具有统计学的依据，只做观点示意。

喻：专业性的其他三个元素就像 0，而专业态度则是 0 前面的 1；缺少了专业的态度，职业人的专业性是无法得到呈现和证明的。

此外，专业知识相比专业能力来说，它只是能力的一种外在表现形式。专业知识需要内化为能力才能永久地保留下来，才可以迁移到其他的问题和环境中，并且知识的生命周期一般较短，淘汰率很高，需要经常更新。所以，那些认为学习就是学习知识、学习技术的人，还有那些刚学到了一些知识就满足的人，他们将永远无法获得可持续发展的专业能力。专业资源则包括与职业相关的特定环境、工具、资金和人脉等。专业资源是一个积累的过程。只有具备了专业的态度、知识和能力，专业资源才会随着时间快速增长。而很多朝三暮四、见异思迁的人，即便能力很强，也会因为没有耐心积累而与专业资源失之交臂。

总之，职业是有生命的。而职业人的生命力应该是由内而外、可持续发展的。职业生命体的五大要素，即职业形象和礼仪、成就感、职责、团队及专业性共同构成了一个完整的职业生命体。用我们的身体来打个比方,职业形象和礼仪就是我们的脸,成就感是我们的心,职责是我们全身的筋骨,团队则是我们的感觉器官,而专业性则是我们的双手。只有生命体的这五大元素协调配合,才能维持这个生命体的健康与良性运转。其中任何一个"生命元素"不工作了,整个职业生命的健康乃至存在就会受到威胁。因此,职业这个有机生命体的存续不仅是我们可以看到的,而且还是可以闻到、触摸到并且用心感受到的。

图2.8 记者的职业生命

第三节 性格、兴趣与职业

职业进化论和职业生物链理论主要是从宏观的层面来说明职业之间的关系以及其发展变化的规律。然而,当回到微观层面,我们又该如何寻找到一个更适合自己的职业方向呢。传统的职业规划理论认为,职业认知起步于自我认知,而自我认知通常围绕两个原点进行:一是性格;二是兴趣。也就是说,人们相信一个人的性格是什么样,或者一个人的兴趣在哪里,他就应该去做什么工作。这样的理论听起来的确很顺耳,也符合我们的常识,但在现实生活中,我们真的可以任着性子来或跟着兴趣走,性格①和兴趣真的可以帮我们找到职业的完美答案吗?

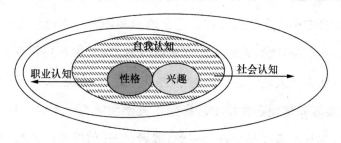

图 2.9 传统职业认知的层次

关于性格的误解

人们常说,性格决定命运。但性格能否决定职业呢?要想说

---

① 性格就是可以加以定性分析的人内在相对稳定的个性心理及行为特征。著名的 MBTI 性格理论中典型的性格特征包括做事有计划、变通性强、关注细节、喜欢冒险、注重规范、喜欢交流、容易被感动等。

清楚这个问题，我们首先需要准确理解性格。**对性格的第一大误解就是人们容易把道德、能力或兴趣与性格的概念混为一谈。** 比如我们常说某人爱学习、爱集体、爱劳动就属于道德的范畴；或者我们会说某人聪明、力气大、嗓子好，以及美丽、健康则属于能力的范畴或者外形特征；而喜欢体育、喜欢做实验、喜欢唱歌则更偏向于兴趣的范畴。虽然性格和人的能力、兴趣有着千丝万缕的联系，但它们之间仍然存在着很大的区别，我们需要练就"火眼金睛"。

表 2.5　性格与兴趣的差异比较

	性格	兴趣
定义	指人的思维或行为习惯	指人对某一具体事情的偏好
稳定性	稳定、可持续的	不稳定，具有间断性、偶然性
相互关系	性格影响人对兴趣的选择 一种性格特点可对应多个兴趣点	兴趣可反映人的性格的某一侧面 一个兴趣点受多种性格特征的影响

性格的确是我们比较容易运用的观察和理解自己以及他人的工具。我们经常说，人和人之间是有差别的，但这差别到底在哪里呢。显然人与人之间的根本性的差异不是在分数上，也不是在好坏上，而首先体现在性格上。剔除了道德和能力因素的干扰，人的性格其实是没有高低贵贱之分的；或者说，任何性格的人都可能成为好人，都可能聪明、善良。因此，性格没有好与坏之分，只要善用性格的优势你就会发现，性格不同的人都可以干好同一份工作。**而我们经常把性格分为"好性格"和"坏性格"其实是不科学的，是对性格的第二大误解。** 当我们每个人身上的性格特点被积极地、正向地发挥出来，任何性格都可以展现出它光彩照人的一面。

那么，性格与未来的职业之间是否真的存在某种逻辑关系呢，是的。**性格对职业的影响主要表现为对我们每个人职业气质、职业风格和职业选择方式的影响,而并非直接决定我们的职业方向。这也是人们对性格的第三大误解。**正是因为性格不同,我们会对不同的事情产生兴趣,我们会用不同的方式来与他人交往。当然,性格的差异也会让我们在面对职业这样的复杂问题时,选择使用不同的方式来做决定。比如,性格内向的人,虽然他们不会在陌生场合和不熟悉的人面前畅所欲言,但他们却是很好的倾听者,他们用于思考的时间会比用来说话的时间多。所以内向的人的职业气质会更多地表现为沉稳、内敛、善于思考。再比如,偏向感性的人,虽然看起来比较敏感,甚至有些多愁善感,但这样的人却更善解人意,容易换位思考,并先天具有强大的人性关怀的能力。感性的人在服务行业、公益行业,以及团队管理岗位都具有明显的优势。

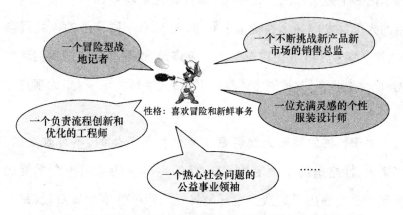

图 2.10 MBTI 性格理论中直觉型性格在不同职业上的可能优势

仔细观察一下我们身边的老师你会发现:有的性格开朗外向,有的文静安详;有的乐观大方,有的谨慎细致;有的思维发散,可以海阔天空,有的逻辑严谨,按部就班;有的非常严厉刻板,有的则愿意倾听同学的心声。这些不同个性特征的人都可以在教师这个岗位上愉快地工作，换成其他的职业其实也都如此。然而，很多片面鼓吹性格决定论的人却要强行在性格和职业之间做简单的连线，试图让人相信我们的性格一定对应着某个最佳的职业，这无疑将局限我们的思维，甚至会让我们错失很多原本宝贵的选择机会。

美国著名心理学家堂娜·邓宁在她的《你的职业性格是什么》一书中公布了针对(MBTI性格理论中)16种性格类型所做的职业取向调查结果。其中，每一种性格类型的人所偏好的职业都有30至40种之多。经常跨越几个、甚至十几个行业。更有意思的是，很多职业会同时出现在多种性格的职业偏好表中。这些数据为我们揭示出一个简单却深刻的道理：那就是任何职业都可以给不同性格的人提供发挥其个性优势的机会，且只有不同个性的人共同参与，这个职业才能真正富有活力。应该说，这是一种值得我们尊重的科学精神。它对被很多人笃信不疑的"性格决定职业"的观点提出了全新的挑战。

关于性格的第四大误解是认为性格是天生的，不可改变的。事实上，性格是可以改变的。MBTI性格理论还有另一个重要的贡献就是它提出了人从出生开始将经历四个性格发展阶段，每个阶段都会侧重发展某一个方面的性格；而经历这四个阶段的锤炼，人的性格将会变得越来越多元，越来越复杂和完整。也就是说，人的一生性格始终在调整和变化中，我称这个过程为性格塑造的过程。

MBTI 理论中性格发展的四个主要阶段。

- 0—12 岁：主导性格发展期
- 12—25 岁：辅助性格发展期
- 25—50 岁：第三性格发展期
- 50 岁以上：第四性格发展期

对于大多数正值 12—25 岁在校的学生来说，更应以动态的、发展的思维来认识自己的性格，不要匆忙地给自己的性格下结论，更不要简单地根据今天的性格（测评报告）来选择未来的职业方向。特别要注意，**性格测评不是万能的。性格测评不仅在客观上存在误差和偶然性，且它仅仅能提供一个静止的性格评价，并不能反映出未来的性格发展趋势。**所以，对自己性格的观察和认识过程应该是连续的，发展性的。在某种意义上，我们可以主动塑造自己的性格。

兴趣与职业的三点差异

与性格相比，兴趣对于我们认识和选择职业的影响是直接的。兴趣是每个人自发形成的对某件事的积极的内在体验。如果在做某件事的时候，你的内心能感受到快乐的能量，并愿意再次尝试，这就意味着你对它有兴趣。兴趣是我们对生活、对社会的感性认识，它可以帮助我们探索并积极体验生活所赋予我们的灵感、冲动，并让我们从中获得满足与幸福。

现在，让我们来看看兴趣和职业的关系到底是怎样的。首先，**兴趣是属于个体的范畴，是感性的，是自然人的本能；而职业则属**

于社会范畴,是理性的,是社会人的本能和基本特征。从兴趣到职业就是一个自然人成长为一个社会人的过程。所以说,兴趣的宽度和深度都超过职业,它的重要性也超过了职业本身。兴趣对职业会有一定的影响,但兴趣并非仅服务于职业,它其实可以完全独立于职业而存在,它可以仅仅属于自己的私生活。我们说一个兴趣丰富的人,才是一个有血有肉的人。这里的人指的是自然人,而自然人是社会人的前提、基础。只有成为一个有生命力的自然人,才有可能进一步成长为一个成功的社会人或职业人。所以,虽然本书主要谈的是职业,但我们却不能盲目地夸大职业的意义。职业仅仅是我们社会生活的一种表达方式,而兴趣显然要远比职业的意义大得多,因此,我们需要避免功利地看待兴趣:认为只要对学习"没用"或对未来工作"没用"的兴趣就没有意义。事实正好相反。

案例:

兴趣与职业的平衡

超级畅销书《明朝那些事儿》的作者当年明月,本名石悦,就是个把职业与生活摆得黑白分明的人。他酷爱历史和写作,通读二十四史。当他的忠实读者,联想集团总裁柳传志在接受专访时见到这位仰慕已久的作者时,惊讶地发现他仅有三十多岁。然而,比《明朝那些事儿》更能引起读者好奇的是,石悦的本职工作却是广东顺德海关的公务员。当每个工作日结束的时候,他便开始转换角色,摇身一变就从公务员变成了天涯论坛上的"当年明月",写他的"明朝那些事儿"。可以说,石悦的成功来自兴趣的成功,而非职业的成功。

兴趣是我们生活的土壤,虽然不一定所有的兴趣都可以纳入我们的职业,但却可以为职业提供生长的养分。我们的职业将在这个土壤上生根发芽,开花结果。

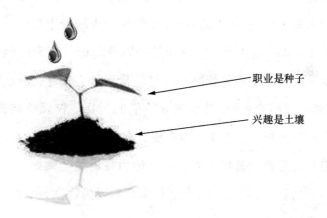

图 2.11 兴趣、职业之间的关系

此外,**兴趣是多点的、变化的、感性的,而职业则体现为专注的、稳定的且理性的**。兴趣可以在多个点同时发生;而职业却不可以,因此,我们在生活中可以有很多的兴趣,但并非每一个兴趣都能直接或间接地与职业走在一起。

案例:

兴趣与成功

根据权威咨询机构的一项调查,世界上最成功的 100

个人(包括政界、商界和娱乐界的领袖),60%左右都承认,自己现在所成就的事业并非是自己年轻时的兴趣所在,甚至一点关系都没有,但这并不影响他们在工作中获得满足和成功。

兴趣是一种内在能量和偏好的体现。一般来说,可以观察到的兴趣多是表象的、单一的,而在我们每个人的身上其实可能有更多的能量和偏好是隐性的,或者某一兴趣所折射出来的能量和偏好其实可以与多种职业相联系。这就是为什么兴趣会蒙蔽我们的眼睛、局限我们的思想,甚至误导我们的选择。**仅凭眼前的、可观察的兴趣来选择、判断自己的职业方向是非常危险的。**而真正值得我们认真分析的其实是兴趣背后的内在能量与偏好。兴趣是相对容易被转移的,但内在的能量和偏好却更为稳定,因此对职业也更具有借鉴意义。

比如说,喜欢物理的同学其内在的能量或偏好可能是善于观察且喜欢动手操作性的课程,所以适合他的职业除了实验物理学家,还可以有机械工程师、外科医生、药剂师、摄影师等。而同样是喜欢物理的同学,有的人的内在能量则可能反映在对物理定律的分析、推理、论证等抽象思维层面,那么这样的同学除了可以往理论物理方向发展,还可以考虑数学、哲学、经济学、心理学等一系列理论科学研究工作。再比如喜欢表演和朗诵的同学,他们的内在能量如果是来自丰富的情感感受及表达能力,那么这些同学除了可以考虑做演员、主持人外,其实编剧、销售、老师、培训师、公关等职业也同样可以使他们的兴趣得以发挥。

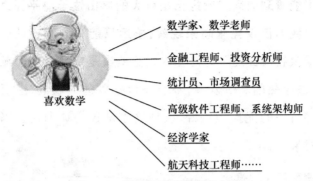

图 2.12　数学与可能的职业方向

数学是基础学科。喜欢数学的人无论往理工科的哪个专业发展都会有比较明显的优势。

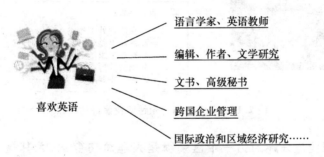

图 2.13　英语与可能的职业方向

英语首先是一种语言。而语言的内涵其实是它所代表的文化。喜欢英语并非指单词背得好,或者指语法好、考试成绩好,而是指对英语语言和英文文化的兴趣和理解能力。比如对英语阅读、新闻,以及英语国家的历史和文化的兴趣。目前我国虽然人人都在学习英语,但是高级翻译人才仍然奇缺。这其中的原因就在于我们虽然会背英语单词、会理解英语语法,但是对英语文化、英语历史的兴趣及广泛的阅读经验却非常缺乏。

我们能看到的兴趣就好比是巨大的冰山位于海平面之上的部分。如果我们仅仅凭眼睛来观察,永远只能看到冰山的一角!而更多被隐藏在海面之下的隐性的兴趣其实是需要我们用脑子去思考,用心去感受的。所以说,不要停留在兴趣的表面,应努力挖掘显性兴趣背后的能量与偏好,或许这才是我们认识自己兴趣的最重要的意义。

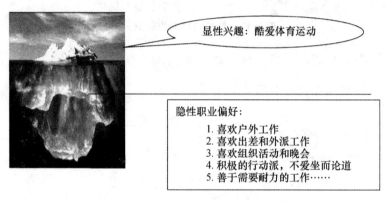

图 2.14 显性兴趣与隐性职业偏好的关系

职业与兴趣的另一个区别就是兴趣总在变化,尤其是人处在体验和积累经验的阶段,兴趣更是不稳定的。而职业却应该是一种稳定的、可持续的状态。环境在变化,人的思想乃至价值观都在变化,因此人的兴趣会转移也是非常正常的。当你喜欢滑旱冰的时候,你可能没有想到,你将来会更喜欢徒步旅游。当你陶醉在朗诵结束后观众的掌声中时,你可能没有想到自己将来会更愿意在幕后做导演。有的时候,我们会因为兴趣的转移而被指责,甚至感到自责,其实这是没有必要的。

兴趣记录了我们每个人成长的过程,兴趣是我们探索、体验所留下的脚印,每一步其实都有它独特的意义。但这仅仅是一个过程。虽然有的兴趣只能陪伴我们走过人生的很短的一段旅程,但不同的兴趣所带给我们的多元的知识、经验和能力其实将与我们相伴终生。事实上,**当兴趣还处于不稳定期的时候,我们无法仅凭某一个时点的兴趣来武断地认定一个职业方向。**这是目前职业规划教育中经常犯的错误。如果只凭某一时点的兴趣,我们似乎很容易就可以找到一个或几个职业目标。但是,我们却忘记问一问自己:"这个兴趣可以持续吗?""这个兴趣的背后的深层次的动机到底是什么?"**职业规划的目的应该是教会大家用更成熟的方式去思考,而不是要在一堂90分钟的课上给大家找到一个简单的答案。**所以,当我们在享受一个又一个兴趣所带来的快乐、荣誉和满足的时候,请不要忘记,它可能只是你成长中的一个阶梯。而只有当我们的生活阅历相对丰富,思维更为成熟之后,某些兴趣才会逐步稳定下来,这时的兴趣才对我们的职业有更直接的借鉴意义。

今天,有很多年轻人在工作之后仍然用对待兴趣的思维方式来处理职业(选择)问题。随机、善变,我行我素的现象非常明显。他们在进入社会后很多年都找不到一种相对稳定的、可持续的职业状态。这不仅带来了诸多企业管理问题,更重要的是,他们个人的职业长期停留在这种不稳定的、不成熟的状态严重伤害到自身对职业的信心以及他人对自己的信任。因此,理解并慎重处理兴趣与职业之间的差异,这对于我们职业的健康发展意义重大。

兴趣与职业的最后一个差异在于它们的经济属性不同。兴趣是可以只投入而不求经济回报的,而职业的重要属性之一就是要获得生存、发展所必须的物质回报。前面职业进化论部分我们曾经讲到,一个职业能够存在是需要条件的,即存在有支付力的社会需求。**而兴趣的成立理论上不受任何前提条件的限制**。正是因为没有太多条件的限制,兴趣的空间比职业更大;个体对兴趣的主宰力和自由度也会更强。而职业则不同。一旦必要的条件不成立或不成熟,再强烈的兴趣都很难有机会转化为现实的职业。比如自己掏腰包做公益就显然不能算是一份职业。如果能找一个组织为你的公益行为买单,那么你所做的事情就可以算是一个职业。再比如,喜欢看书不能成为一个职业,因为没有人会花钱让你自己看书(父母除外)。但如果你可以写书,且有人爱读,那么写书就可以成为你的职业。这就是为什么作家是一个职业,而读者就不算是一个职业的原因。

表 2.6　兴趣与职业的差异比较

	表现形式	稳定性	经济属性与社会属性
兴趣	显性的、单一的	不稳定、变化的	无
职业	隐性的、复杂的	稳定的、可持续的	需同时具备

总之,性格和兴趣都是我们与生俱来的一笔财富,是值得我们珍惜和呵护的。而善待这些财富的方法,就是要用科学的方法观察并分析。性格与兴趣可以帮我们揭示出很多关于自己的秘密,内在的能量和动力。可是,无论是性格还是兴趣都无法直接给职业一个简单的答案。当我们抛开思想的枷锁,我们会发现一个更加广阔的空间,会更加惊喜地发现一个立体的、生动的、个性化的职业天空。

学业规划篇

该分文理科吗？

可以做自己喜欢的工作吗？

除了"211"，我该选择哪个大学？

专业选错了怎么办？

我一定要读研究生吗？

我的性格适合学哪个专业？

该听爸妈的，还是该听自己的？

专业=职业？

高考会如何决定我的职业命运呢？

大学有几百个专业，我该如何看懂它？

第三章 从职业的角度看文理

第一节 文理分科与职业方向

到了高中,同学们要面临的第一个重要的学业决策就是文理分科。相关研究显示,有的地区有接近70%的高一年级同学认为应该以自己对语文和数学这两门课的兴趣来决定自己学文还是学理。还有的同学干脆把这个重要的决定权交给了自己的父母或朋友。而至于为什么要分文科和理科,它们之间的联系和区别是什么,文理分科对我们未来的专业和职业又会有怎样的影响,似乎很少有同学能有清晰的答案。

文科与理科

文科又称人文社会科学。它是以人类社会独有的政治、经济、文化现象为研究对象的学科的统称。文科的范围很广,它包括历史、哲学、经济、管理、法律、政治等以及各类艺术科学。到了大学,文科将被细分为人文科学和社会科学。文科主要培养的是人的人文精神和语言逻辑思维能力。它帮助我们认识人的思想、信念,理解社会的组织及运营方式,研究人类的文明和历史沿革等规律。文科的学习对于一个人从自然人最终成为一个社会人将起到关键的作用。

理科又称自然科学,有人又叫它数理化。它研究的是与大自然的运动规律相关的理论和技术应用。比如我们所熟悉的数学、物理、化学、生物等。到了大学,理科将被细分为理论科学和工程技术科学。理科主要培养人的科学精神和数理逻辑思维能力。它可以帮助我们理解并掌握客观物质世界的繁衍、变化及运动规律。

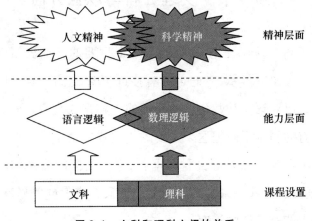

图 3.1　文科和理科之间的关系

有人会问,文科和理科的差异这么大,那么到底哪个更重要呢。其实,文科和理科就好比我们人的左手和右手,对于一个完整意义上的社会人或职业人,文科和理科缺一不可。即便是一个100%的左撇子也需要用右手平衡自己的身体,辅助左手完成工作,而不能随随便便地把右手给废了。当人类社会还处于发展的初期阶段时,自然科学的发展教我们学会了如何捕猎、如何生火做饭、如何穿衣、如何治病,这些都关系到人这个物种的生存与繁衍。然而,随着生存矛盾的逐步缓解,我们人类面临的已不再是单纯的活下来的问题,而是为什么活着、想怎么活着的问题,人文与社会科学就变得越来越重要了。因此,从某种意义上来说,对于自然人来说,理科更重要;而对于社会人来说,文科所培养的人文精神则显然更加重要。

可以这样理解,理科与文科,一个负责创造和发展我们的物质世界;而另一个是负责描绘和建设我们的精神家园。谁更重要,取决于人的价值观和对人类文明的不同层次的理解。作为21世纪的职业人,在我们选择学文还是学理之前,我们首先应努力思考并尝试回答这个问题,我如何才能同时获得人文精神与科学精神的内涵。

图 3.2　人文精神①与科学精神②的关系

大家所熟悉的科学伟人爱因斯坦不仅是一位科学家,而且他的小提琴拉得特别好。他就曾经说过这样一句话,"没有科学的宗

---

①　人文精神是一种普遍的人类自我关怀,表现为对人的尊严、价值、命运的维护、追求和关切,对人类遗留下来的各种精神文化现象的高度珍视,对一种全面发展的理想人格的肯定和塑造;而人文科学正是集中表现人文精神的知识体系,它关注的是人类价值和精神的表现。从某种意义上说,人之所以是万物之灵,就在于我们有人文情怀,有自己独特的精神文化。

②　科学精神是人们在长期的科学实践活动中形成的共同信念、价值标准和行为规范的总称。科学精神就是指由科学性质所决定并贯穿于科学活动之中的基本的思维方式,是体现在科学知识中的思想或理念。科学精神包括执著的探索精神、创新改革精神、尊重科学遗产的精神、理性精神、求实精神、求真精神、实证精神、严格精确的分析精神、开放精神、可重复和可检验的态度、实践精神以及怀疑与批评精神等。

教是跛子,永远都走不到目的地;而没有宗教的科学则是瞎子,永远找不到方向"。爱因斯坦这里所指的宗教不仅包含狭义的宗教,更泛指人的信仰和人文精神。被人们誉为对世界影响最大的三大伟人之一的达尔文(另外两位分别是马克思和弗洛伊德)所提出的进化论也是用自然科学的方法和眼光来研究人类文明的发展过程,更是成为科学人文的代表。这些科学家的智慧告诉我们,科学精神与人文精神的合璧才是未来世界的发展方向。

文理分科的误区

在美国,中学生必修的三门基础课是数学、英语和历史。这里的英语对于美国学生来说就是他们的语文课。同样,我们国内的中学生也有三门必修的课程,它们是语文、数学和英语。我们注意到,美国这样一个年轻的移民国家,它的基础教育把历史课定义为每一个国民必修的课程。作为拥有几千年历史的文明古国,我们的基础教育却选择了把一门工具性的外语作为每一个学生的必修课,而历史课相形之下却没有那么重要。

英语对于中国学生的重要性之所以那么高,当然不能脱离过去几十年中国改革开放的时代大背景,但值得我们注意的是,越来越多的同学把中文和历史这样的人文基础课程仅仅作为一门应付考试的课程,而并非人文修养的必修课,这一点非常危险。有些理工科的同学认为自己不用好好学历史和中文,而有的文科同学也觉得自己不用好好学数学。现在非常流行的通识教育培训课程中,我们经常可以看到诸如国学经典、文学欣赏、哲学、艺术等这些基础人文课程。但是,我们很多人在中学文理分科之后就把它们收进了书柜,或者干脆遗忘了。到了功成名就之后才发现自己人生的缺憾,于是临时抱佛脚,可为时晚矣!因此,**文理分科的最大危害,就是理科的同学放弃了兼修文科,而文科的同学放弃了兼修理科。**而前一种情况对社会的伤害则显得更为严重和长久。可以说,文科所培养的人文素养是现代文明社会赖以维系的基础,而人之所以为人,是因为我们拥有人文情怀,拥有对精神世界的追求。它的价值和意义并不会因为我们学了理科而变得可有可无。

  本书所说的职业素养就包括人文素养和科学素养两部分。过去,一提到职业教育大家就会马上想到职业技能培训,而忽略了职业素养的培养。**职业技能可以让我们生存,而职业素养却界定了我们职业的高度和职业的幸福度。**文科的学习可以帮助我们更好地理解和适应我们所生活的社会环境,教会我们更好地与他人合作。我们看到企业培训中出现了越来越多的沟通技巧、团队合作、文化修养类的培训课程,这些培训班其实是在给我们补课,而所补的其实正是我们在基础教育阶段所缺失的人文修养课程。想一想,作为一个职业人,如果我们只会画设计图纸,而不了解如何用生动的语言来说明你的设计思路和理念;或者我们只会做实验,而不懂得和客户、同事一起欣赏我们身边的建筑艺术和音乐,那么我们一定无法成为一个有内涵、有思想的职业人。

小资料:

    美国高中生必读经典

  美国的教育管理机构为本国的高中生订制了一份

"阅读加餐"，开列了西方文学中的很多经典著作让他们来读。所选作品皆是经过时间的淘洗而被全人类所公认的真正经典著作，比如《伊利亚特》、《埃涅阿斯纪》、《哈姆雷特》、《罪与罚》、《红字》，甚至包括《理想国》、《独立宣言》、《共产党宣言》等。也许，你会觉得这些书对于学生来说有些深奥，其实不然。学生的思维能力正在快速发育，差异化明显，我们需要对学生的智力和理解力有充分的尊重和信任，才能更好地挖掘他们的智慧和想象力。相比之下，我国的数理化课程普遍难于美国，而在可以帮助学生感知世界和生活的人文课程方面，却明显处于落后的位置。

2000年，教育部颁布了新的语文教学大纲，规定了中学生必读的中外文学名著30部，其中中国文学名著15部，外国文学名著15部，这是非常重要的一步。只是执行起来仍步履维艰。可见，人文经典阅读已经成为我们很多国人要恶补的一门课。

文理虽分科，文理要兼修。虽然不少专家已提出，不应过早分文理科，而应推行通识教育。但作为中国延用几十年的高考制度的一部分，文理分科并不会在一夜之间消失。因此，我们这里所强调的

是，制度可能会滞后，但观念必须先行。文理可以分科，但文理要兼修。文理分科虽然是一种制度，但只要我们真正摒弃"重理轻文"或"重文轻理"的偏见，我们仍然可以做到文理兼修。作为一个具有独立思想和独立行为能力的人，我们需要理性地面对现实的制度缺陷。尤其是选择理科的同学应该把文理兼修看做是自己未来职业生命得以延续的土壤、阳光与水分。

文理兼修十大经典书目推荐（通俗小说除外）

《世说新语》	刘义庆	表现魏晋人物及社会风范的著作
《古文观止》	吴乘权、吴大职	最权威的古文选集之一
《十八家诗抄》	曾国藩	汇集中国历代18个名家的经典诗歌
《黄帝内经》		中医学的奠基之作，阴阳五行学说的集大成者
《文学回忆录》	木心讲述	世界经典文学作品及人物鉴赏之作
《理想国》	柏拉图	集政治、哲学、伦理、美学于一身的经典之作
《国富论》	亚当·斯密	现代经济学的奠基之作
《物种起源》	达尔文	生物进化论的开山之作

《全球通史》　斯塔夫理阿诺斯　一部相对权威的世界通史

基础学科对职业的意义

从职业的角度来审视我们在学校所学的课程，我们会发现，只有当你可以把所学的知识固化为自己的内在能力时，这些知识才会对你的专业和职业产生意义。很多"过来人"抱怨，学校教的东西在工作中都用不上。其实，他们只看到了知识对职业的价值，而忽视了在学习中所培养出的能力、态度以及所获得的资源对职业的潜在意义。发现并理解自己所学的知识将如何转化为我们未来的职业及专业能力显然是一件对学习非常有意义的事。

学习过程 ⟶ 能力的转化

1. 对这个知识我能提出什么问题？　　提出问题的能力
2. 需要用什么方法更有效？　　　　　分析能力及
   需要什么资源？　　　　　　　　　资源管理的能力
3. 这个知识很重要吗，我该分配多　　决策能力
   少精力？　　　　　　　　　　　　时间管理能力
4. 我该如何运用这个知识？　　　　　运用知识的能力

图 3.3　学习过程与能力转化

学习的过程不仅是简单的知识记忆过程，而是对知识的理解、选择、应用和创新的过程，这才是真正的学习，才是可以固化为学习能力的学习过程。如果在学习的时候我们不曾问过自己上图中的这些

问题，那么我们其实仅仅是在学习随时都会过时的知识，或者说是在浪费自己的时间。而一旦学习的知识不能直接派上用场，我们就会抱怨是知识本身出了错，或者老师的教学出了错，真相却是我们自己的学习方法出了错，是我们自己不会学习，把所学的知识转化为可迁移的能力关键是看我们如何学习。如果学会了学习，不仅学习的效率会大大提高，而且我们可以自信地说，任何知识都不会白学。

表 3.1　基础学科与核心职业能力

基础学科	核心职业能力
数学	对数字的敏感性；数理逻辑能力；空间思维能力；严谨的科学精神。
语文	对语言的敏感性；语言逻辑能力；形象和情感思维能力；博大的人文精神。
历史	对人类文明与社会发展的观察及辩证思考能力；历史观及人文精神。
英语	对异国语言文化的理解和包容能力；国际化视野。
物理	动手操作能力；观察能力，严谨的科学精神。
化学	动手操作能力；对微观世界的想象和观察及分析能力；严谨的科学精神。
地理	对自然现象的观察、想象和理解能力；环境意识及严谨的科学精神。
生物	对生命现象的观察、理解、想象和分析能力；严谨的科学精神。
体育	身体的协调性、耐力、爆发力；积极阳光心态、胆量及勇气。

基础学科的价值对于一个职业人，绝对不仅仅意味着高考或是一张大学文凭。与大学的专业课不同的是，基础学科对于培养可迁移的职业能力意义深远。在文理分科乃至高考选专业的过程中，你会发现基础课程所培养的能力对于未来职业方向的选择将比所谓的兴趣或性格所起到的作用更加关键。

表 3.2　六大基础学科对大学专业的重要性

名次	基础学科	对大学专业的意义
第一位	数学/物理	为大学 280 + 专业提供关键学习能力
第二位	语文和历史	为大学 220 + 专业提供关键学习能力
第三位	化学/生物	为大学 140 + 专业提供关键学习能力

根据对近 500 个大学专业所对应的基础学科理论和学习能力的分析,我们中学所开设的所有课程几乎都榜上有名。其中,语文和历史对于一个人的综合职业素养和人文精神的影响最为深远,所以虽然它们在统计上看只为 220 + 大学专业提供关键学习能力,但从一个更宽泛的角度看,它们应该说是几乎所有专业可持续纵深发展的基础。因此,语文和历史学科的重要性位列第一;位于第二位的是数学和物理;第三位的是生物和化学。(请参考本书所附的《大学专业目录快速检索表》)可以这样说,**基础学科所培养的是一个人完整的学习能力。从这个意义上说,它比大学乃至研究生阶段的专业学习对人的一生都更有意义。**而那些希望学习可以一劳永逸、立竿见影的想法,还有那些认为学习仅为了掌握一个能挣钱吃饭的技能的思想,反而会给自己带来许多不必要的困惑与焦虑。正所谓人无远虑必有近忧。对于学习,只有站得高才能看得远,心情也才会豁然开朗。

由于教学方式和教学技术的不断创新,教师的主要角色将更多地从告诉学生该学什么逐步转向引导学生思考、讨论问题,去想自己该学什么、该怎么学以及为什么学的问题;到了大学或研究生阶段,教师的角色将逐步淡化,自学将取代课堂教学成为学习的主要方式。现在人们对选择专业的焦虑其实在一定程度上仍然受"过分依赖课堂教学"的惯性思维的影响。据初步估算,在大学中靠自学获得的知识应占到大学学习的 1/2 以上。文科甚至更多。如果我们每个学生都可以把握好自己自学的那 1/2,那么我们对选什么专业的焦虑也就可以减少 50%。事实上,一个职业人在工作中可能会有 2/3 以上的知识要靠持续地自学。而一个人的自学能力并不是凭空掉下来的。基础学科的学习是否扎实将对我们之后几十年的自学习惯和自学效率起到决定性的作用。我们可以确信地讲，基础学科其实关乎一个人的"职业蓝图"。

文理分科与专业方向

虽然对在中学进行文理分科的制度设计还存在一些争议，但文理分科已是事实。我们需要首先想明白为什么要分文理科，以及文理分科对下一步专业方向以及职业方向的影响到底会有哪些。这就是我们所说的文理分科背后的"职业"意义。

"职业认知篇"中我们曾提到，进入大学后文理科会进一步细分为四个专业类型：**文科将分为人文科学**[①]**和社会科学**[②]**；理科则分为理论科学和工程技术科学。**

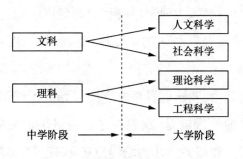

图 3.4　文理科与四大专业类型

[①]　人文科学的主干是人们常说的"文（文学）、史（历史）、哲（哲学）"，再加上艺术。人文科学可以说是社会科学的母体。社会科学大多是近代以来逐步从人文科学中分化出来的。

[②]　社会科学是以社会现象为研究对象的科学。它的任务是研究与阐述各种社会现象及其发展规律。社会科学所涵盖的学科包括社会学、经济学、军事学、法学、教育学、管理学、新闻学等学科。社会科学属于应用型学科，强调研究和解决具体的社会问题。

人文科学与社会科学相比,它更具有一种历史的纵深感,根基深厚,"眼光长远"。通过认识人类的历史来认识现代社会及其未来的发展规律。这就是职业人不可或缺的人文素养。人文科学属于典型的宽口专业,适用广泛。它们不强调专业与专业之间的界限。人文科学着眼于培养通才,需要大量的课外阅读,重视生活经验的积累。它需要有专业以外的知识以及对文学、艺术的较高鉴赏力。人类现在公认的经典绝大部分都是人文经典。它可以使专业人才具有更犀利的眼光和更广博的胸襟。

　　社会科学的基础是人文科学。社会科学中运用了越来越多的理科的研究方法,如统计学工具,数学模型等,因此许多交叉学科应运而生。

　　理论研究和创新是自然科学发展的基础,是推动科学技术前进的原始动力。在诺贝尔奖中,除了和平奖和文学奖外,其他四大奖项,即物理学、化学、生理学(或医学)和经济学均为理论科学[①]领域。可见,理论研究对科学的重要性和贡献将比应用技术的研究更加深远。

　　很多专家认为,我国的科学家之所以始终无缘诺贝尔奖,其中一个非常重要的原因就是,我们在过去经济快速发展的几十年中对基础理论研究和相关人才的培养重视不够。很多中国自己培养的高端人才不得不转战到美国等发达国家去进行他们的理论研究。在获得诺贝尔奖的科学家中就有不止一个华裔科学家。这说

---

　　① 理论科学简称理学。从狭义上讲,理论科学是自然科学体系中侧重理论研究的基础性学科。包括数学、物理、化学、生物等学科及其衍生的学科。经济学虽然是研究理论的科学,但它仍应属于社会科学的范畴。

明中国人并不缺少才华,但缺少的是良好的科研环境和资源。忽视理论研究的产业只能在全球产业链中永远处于最底层,从事简单的技术加工和劳动密集型工作。中国的经济如果要在下一个发展阶段实现成功转型,推动经济的可持续发展,提高对理论科学研究的投入,提高理论创新研究的地位是势在必行的一步。

工程技术科学[①]包括计算机软硬件、通讯技术、农林牧渔、医学、机械、电子等等。传统的小农经济思想认为,学习一门技术胜过满腹经纶。而现代经济的发展早已不是由体力拉动,而是由创新力来驱动的。技术工程师通过想象、判断和创新,将科学理论、数学模型和实践经验应用到设计、制造和操作中。技术人员的长期、可持续职业发展动力其实来自扎实的理论功底,否则便无法跟上技术快速更新的步伐。缺乏理论功底的技术人才则会在职业发展到中期时逐步失去后劲,遭遇职业瓶颈。

案例:

理论为技术插上翅膀——中国最好的钳工方文墨

方文墨,中航工业沈阳飞机工业(集团)有限公司下属航空机加工厂的一名钳工。2000 年进入沈飞公司技工学校的时候,他的志向就是"成为中国最好的钳工"。如今由他加工出来的航空零件加工公差为 0.003 毫米。这个精度仅相当于头发丝的 1/25,连自动化程度很高的数

---

① 工程技术科学简称工学。它是自然科学体系中侧重技术应用研究和现实问题解决的科学。

控机床加工都达不到这个精度。

作为一名年纪轻轻的80后,一个普通的技工,他已经拥有了3项发明专利。他是如何取得这样的成绩呢?在学徒期间,他并不像其他同学那样,学了两三个月就匆匆忙忙地自己干了。他潜心学艺整整两年的时间。方文墨每天晚上回到家会自学理论力学、结构力学等相关专业理论和工艺方法,他所购买的专业理论书多达400余本。

作为中航工业集团沈阳飞机制造厂的一名80后钳工,方文墨创造了一个用他名字命名的加工精度——"文墨精度"。正是扎实的理论基础和踏实的学习态度给了钳工这个看似简单的技术一副能够飞翔的翅膀。

对于准备参加高考的学生,文理分科将直接决定你可以选择的大学专业方向。根据目前的高校招生规则,文科生只能报考"人文科学"和"社会科学"两个专业方向。而理科生除了可以申请"理学"和"工学"两个专业方向外,还可以选择部分"社会科学"的专业。比如大家所熟悉的经济学、金融学以及管理类专业都是文理兼收的。因此,理科生在选择大学专业方向时,会比文科生多出一个选项。尤其对于在文理分科时还没有清晰思路的同学,学习理科比学习文科显然可以为你在高考时争取到更多的选择机会。也就是你多了近两年的时间来决定自己的专业大方向。

在四大专业类型中,人文科学和理论科学属于基础学科,而社会科学和工程技术科学则属于应用型学科。基础学科是应用型学

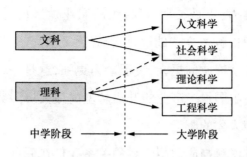

图 3.5 文理科与高考专业方向的选择

科的基础。基础学科比较容易向应用型学科延伸和转化，而反之则难度重重。假设你将来希望成为通讯工程师，那么你除了可以选择电子通讯工程类专业外，你还可以选择学习物理。因为物理学是通讯工程技术的理论基础，由物理学向通讯工程延伸不仅成本很低，且学习效率更高。这就是为什么大批在本科学习物理的学生会比在本科学习通讯的学生有更多的机会进入通讯专业的研究生学习。本科阶段扎实的理论功底会大大提升研究生学习乃至工作后的职业竞争力。同样，学数学的人可以很轻松地进入金融行业，学生物的人可以很容易在医学领域发展。道理是一样的。

基础科学与应用型科学的关系就好比水的上游和下游的关系。基础科学属于上游，而应用型科学属于下游。只有上游的水源充沛，下游才不会断水。有人说，基础科学的门槛高，学习苦，就业难。其实这是一种误解。不错，基础学科的门槛相比应用型学科高，就像水的上游地势会更高，环境也会更加险峻一样。但正是因为这样的险峻才给探险者以乐趣，才会对生命的孕育和整个生态系统的维护产生不可替代的作用。怕苦怕难的人永远不能理解那些探险者的成就与乐趣。而对辛苦付出的最大回报，不仅仅是证明自己的实力,更是长期、可持续的职业发展动力。因此,轻视人文科学和理论科学等基础学科,就好比无源之水、无本之木。基础科学的人才发展空间更大,发展动力更强,这是一个被广泛接受的事实。目前中国很多产业的升级转型的最大屏障其实就是基础科学的创新型人才的匮乏。

关于基础学科与应用型学科的关系我们在后面专业选择的章节还会继续深入探讨。这里我们需要理解文理分科对大学专业方向的选择的深刻意义,以及如何把握好文理分科的思路,用科学的、理性的方法来处理文理分科的决策。

第二节 能力、性格及兴趣与文理分科

不管是学文还是学理,文理兼修其实是每一个人未来职业可持续发展的基础。不过即便还没有完全准备好,我们仍然需要在中学就为自己选择一个未来课堂学习的重心。如何才能知道自己更适合学文还是更适合学理?能力、性格以及兴趣,到底哪一条线索才可以引导我们一步步找到文理分科的清晰方向呢?

兴趣与文理分科

兴趣是一个大家非常熟悉的概念。从小我们就会参加各种各样的兴趣班,如钢琴、跳舞、跆拳道等。兴趣是由好奇心驱动的,但是有兴趣并不必然意味着我们有能力或者最适合以此为职业。此外,很多兴趣来去匆匆,我们似乎无法对同一件事情产生持续的兴趣。比如一个内向的孩子,虽然她也喜欢舞蹈,但她却更喜欢安静、优美的舞蹈,而不喜欢热闹的街舞。而一旦她发现跳舞的环境开始变得嘈杂,她就会很快对跳舞产生排斥。因此,非常复杂的因素决定了我们的兴趣是否能够持续下去;而且这些因素大部分是非理性的、不可控的。所以,大部分兴趣是不稳定的、不能构成选择专业或职业方向的充足理由。这也是很多只凭兴趣来选择文理科的人会感到苦恼的地方。只有当某个兴趣逐步稳定下来,它和专业以及职业之间的逻辑关系才能逐步变得清晰。可惜的是,对于大部分人来说,在文理分科的年龄,我们对自己的兴趣还非常缺

乏理性的认识,我们的大部分兴趣也还没有真正稳定下来。这也就使得兴趣与文理分科之间的关系显得非常暧昧。

兴趣作为一种外在表现,它与更深层次的性格和能力等因素之间有时是脱节的,或者说存在并非线性关系。比如,几乎所有玩游戏长大的同学都会喜欢电脑,但有的人可能是因为可以和自己的好朋友一起玩才喜欢电脑,让他一个人玩他就没有兴趣了;有的人是因为他喜欢游戏中的人物形象或画面效果才喜欢游戏;有的人喜欢的原因则是因为教他们电脑的老师很友善、亲切;而只有很少一部分人真正是出于对电脑程序的逻辑关系产生了兴趣。这一简单的兴趣现象背后其实隐藏着性格的因素,也有能力的因素。所以,喜欢电脑不等于适合学计算机。同样,喜欢数学的同学,他们的内在动机也可能完全不同。因此,要善于发掘兴趣这一不稳定现象背后的理性因素和内在动机,这一点我们在本书前一章节关于兴趣的论述中已经提到,大家可以参考阅读。如果仅凭兴趣来选择文理,我们很容易被现象所蒙蔽,我们的选择也会非常危险。

当然,这并不是说兴趣是没有价值的。因为兴趣为我们打开了一个窗子,让我们在这个勇敢的体验过程中逐步了解自己的内心,发现自己的优势与不足。没有了兴趣,我们的生活将会失去勇气、乐趣和激情。所以,兴趣是值得尊重的。然而,兴趣并不能给我们选择学文或学理一个简单而直接的答案。所以,**如果我们止步于兴趣,而没有学会透过兴趣来观察自己的性格、能力等内在特质,那么我们就会被兴趣所欺骗**。然而,的确有很多人企图夸大兴趣的作用,鼓励大家完全依据自己的兴趣或者是通过兴趣测评来判断或选择专业或职业,这显然是一种误导。而盲目地被兴趣牵着鼻子走反而也会阻碍我们学会思考,并最终成为一个成熟、理性的职业人。

性格与文理分科

主流性格理论的研究结果证明,**人的性格所体现的是人的思维和行为惯性,它与学文还是学理并没有直接的关系。首先,性格是会改变的。**人的性格虽然在某种程度上受先天的影响,但更多的还是由后天环境和社会价值观所决定。因此,人在长大的过程中,其性格也在不断改变。尤其对处于青春期,或社会化人格还未定型的十几岁到二十几岁的人来说更是如此。前面我们提到,MBTI性格理论通过近百年的研究、完善,提出了人从出生开始所经历的4~5个不同的性格发展阶段。这充分说明性格是可以改变的。比如一个在中学表现内向甚至有些孤僻的人,很有可能会在二十几岁后逐步变得开朗、健谈起来。虽然性格的变化远比兴趣要稳定、有规律可循,但性格毕竟是会持续变化的。因此,所谓"性格决定命运"的说法并没有那么可怕。同样的道理,**性格也不能决定学文还是学理。**

关于文科生、理科生的性格特质传统观念中存在很多误解。比如有人认为理科生的性格更像书呆子——带着厚厚的眼镜,面无表情地埋在书堆中。显然,这样的认识已经过时了,仔细观察一下,我们国家的很多高层领导人,还有很多企业的高级管理者其实都是理工科出身;大家所熟悉的创作型校园歌手,如80年代的宋柯、90年代的高晓松以及后来的水木年华组合(李建和卢庚戌)都来自中国最著名的理工科院校清华大学的工程技术类专业;2012

年伦敦奥运会上,很多获得金牌的美国选手也都是知名大学的理工科在校生。可见,理科生未必就是书呆子,理科生也未必就性格内向、不善言词。他们同样可以在人际、管理乃至艺术等人文和社会科学领域取得非凡的成就。

也有人认为,感性、外向、思维发散的同学更适合学文科。显然这也是不科学的。首先,理科生同样可以兴趣广泛、思维活跃,且拥有丰富的情感表达。相反,现代科技的发展也要求我们的文科生具备传统理科生的理性、严谨的逻辑思维能力,以及踏实的科学精神。如果说文理科与性格有一定的联系,那么我们更有理由相信,是我们每个人特殊的学习经历和训练方式塑造了我们的性格,而不是性格决定了我们学文还是学理。比如,文科的学习要求广泛地阅读和大量记忆,但容易忽视逻辑思维的训练,尤其是容易忽略对辩证思维和分析能力的培养。因此,传统课堂教学所培养出来的文科生会更倾向于发散、感性的性格特质。相反,理科的课堂学习则容易过分强调推理、分析以及动手能力,而忽略知识的宽度,甚至丢掉了感性思维能力的培养,因此传统课堂教学所培养出来的理科生则会更容易表现出呆板、孤僻和不善人际的性格特质。因此,**把文理科的学习局限在课堂之上,忽略文理的课外兼修,是造成文科生和理科生性格缺陷的重要原因。**

文理虽然分科,但文科和理科所培养的人文精神与科学精神却不应该被割裂开来。文理分科仅仅说明我们的课堂学习或考试的重心有所分化。但在我们的心中,在我们完整的学习模式中,文科和理科应该永远相伴相形。文理兼修不是梦想,而是真理。应该说，文理科的学习可以帮助我们塑造一个更完美的性格，而非由性格来决定文理。性格测评更不能帮助我们选择学文还是学理。

性别误区：

女生适合读文、男生适合读理吗？

有些人的观点认为，女生适合读文科，男生适合读理科。持这种想法的人通常认为文科的工作多在办公室中，似乎更轻松、更安静；而理科的工作多数需要在外面跑跑颠颠，甚至可能到工厂、矿山工作，似乎更辛苦、更需要体力。但是，现实的情况真的是这样吗？

其实，今天的职业生态已经和以前完全不同了。一些文科的女生在做"体力活儿"。虽然不是种地，也不是当工人，但却可能是在野外考古，在外地做销售，在大街上做市场调查，甚至在偏僻的山村做采访。她们同样需要风餐露宿，辛苦奔波。相反，很多理工科的男生会坐在办公室里编软件，画设计图，甚至从事市场策划及人力资源等后台管理的工作。

如果说性别对职业会有一些影响，那也不是在文理分科的阶段，而是在专业选择的时候，或者是在职业转型的阶段。比如，在技术更新非常快的行业如计算机软件行业，女生到了结婚生育的年龄显然会更容易失去竞争的优势。而这一点显然不需要在文理分科的阶段来考虑。

能力与文理分科

与兴趣长期处于不稳定状态,以及与性格由于受环境因素影响而持续缓慢改变不同,人的能力偏好则会在更早的时间就可以稳定下来,并保持一种线性的增长。正是由于人的能力优势比起兴趣和性格的因素更容易预测,它对文理分科的影响也因此而显得更加明确。当然,我们这里所说的能力并非单纯指能力的大小,而是指能力的重心或类型。能力的类型较多,对选择文理科比较重要的有两组能力需要我们认真评估。

表 3.3 文理科的关键能力

文科优势	理科优势
□ 记忆能力强	□ 推理能力强
□ 对语言敏感,语言思维能力强	□ 对数字敏感,动手操作能力强

选择这几项能力的原因主要是在文理分科的阶段这几项能力比较容易被观察和感知,且它们与大学专业之间的联系也更为紧密。对于文理分科来说,对这些能力进行定性评估比定量评估要有意义,也更可行。所以,我们不需要依靠测评工具来评估,而是需要我们能准确地理解这些概念,以及观察和评估的思路。

核心能力:记忆能力

这里所说的记忆能力不是指背公式的能力,而是指对生活和环境中随机信息的捕捉和记忆的能力。前面讲到文科的知识大部分来自课堂教材之外。大量的阅读、丰富的生活体验是基础。有些同学对所看到的、所发生的细节记忆力很强,尤其是对看似分散的、没有紧密联系的信息,如人名、地名的记忆能力就是文科学习中的关键能力。

核心能力：推理能力

这里所说的推理能力是指对信息之间的逻辑关系的敏锐捕捉和论证能力。比如有人喜欢把故事情节中的逻辑关系进行梳理、提炼后再进行记忆，比如把人名和某一具体特征进行联系后再进行记忆。有的人则善于把事物进行归类、提炼重点，这些都是对理科学习非常重要的能力。

核心能力：对语言敏感、语言思维能力

语言思维能力是指对语言的词义差异、文化含义以及所传达的情感的理解和联想能力。善于运用语言准确、细腻地表达复杂的情感、观点和情节关系。喜欢看故事、写文章，能快速阅读或泛读都属于语言思维能力。有人误认为喜欢说话或者喜欢和人打交道就代表语言能力强，其实这是不准确的。喜欢说话不等于善于说话，更不等于表达精确，并且语言思维能力更主要的是通过书面的形式得以体现。

核心能力：对数字敏感、动手操作能力强

对数字敏感意味着能够快速理解数字之间的关系，空间结构感强，善于用量化的方法、通过科学的实验来证明一个概念。其中，动手操作能力是工程技术类专业所需要的核心能力优势。

事实上，**我们每个人天生都有自己的优势能力。在我们所擅长的优势领域，我们的成长效率和幸福指数都是最高的。** 不过需要特别强调的是，比发挥优势更重要的，是回避自己的短板。有人会把发挥优势等同于回避短板，其实二者是有区别的：人的能力不

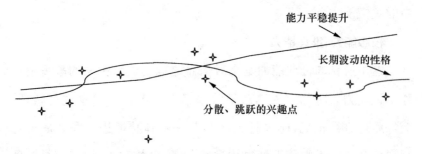

图 3.6　能力、性格和兴趣三者规律的比较

仅包括优势和劣势,还有处于中间状态的部分,就像人不是只分好人和坏人,观点也并非只有对和错,我们的能力也自然不等于不是优势就是短板,在评估自己的能力特点时,找到自己的短板比发现自己的优势对于文理的选择显然更为重要。因为人的优势可能不只一个,忽略了一个优势并不可怕,而忘记或误评了自己的短板结果却往往是致命的。更科学地说,一个否定条件的出现可能足以否定掉一个选项,而一个肯定条件的出现却往往不是充分的,不足以使一个选项成立。虽然人们常说勤能补拙,但勤所能补的只是能力的大小,却很难改变我们能力优势的方向。**在文理分科的二选一问题上,建议同学们应理性地评估自己的能力优势,首先回避自己的短板,然后再考虑最大限度发挥自己的能力优势。**

　　总之,可能影响文理分科的三个因素,即兴趣、性格和能力中,**能力是最为关键的、最可控的一个;性格是一个缓慢演化、不定向的因素;而兴趣则是一个最不稳定的且善变的因素。**还是那句话,文理分科其实仅仅改变了我们课堂学习的重心,但它并不应该改变我们文理兼修的理念和学习方式,不应打破课堂学习和课外兼修的平衡关系。只有这样,我们才能既发挥出文理分科的优势,又避免文理分科的制度缺陷。只有文理兼修才能成为一个兼人文情怀与科学素养于一身的优秀职业人。

学习方式与文理分科

　　文科和理科由于知识体系的差异,它们的学习方法和学习习惯也因此产生了明显的差异。在文理分科的阶段,我们除了可以通过分析自己的能力特点来选择学文或学理,还可以通过分析自己的学习方式来辅助我们做决策。关于学习方式的比较,我们可以用以下三个维度来进行描述。

　　第一维度:学习模式。学习模式分为静态学习模式和动态学习模式两种。静态学习模式就是指我们传统教学中听讲课做笔记的学习方式。这个过程只有视觉、听觉等感官的参与,而没有语言和肢体的参与。而动态学习模式是指在体验中学习、在互动中学习。互动的方式包括提问、讨论、拓展等。在动态学习模式下,学习环境是变化的,学习内容是复杂的,甚至是随机的,个性化的。

　　第二维度:学习动机。学习动机分为被动学习和主动学习两种:被动学习是指由别人告诉你学习的目的、学习的方法和学习的内容;而主动学习则是指自己主动发现学习的目标、主动创造学习的条件,自主地定义学习内容。

　　第三维度:学习环境。学习环境分为环境依赖型和环境独立型两种:所谓环境依赖型学习是指学习状态容易受环境因素影响,比如是否有好朋友在一起,其他人是否也在学,老师我是否喜欢,是否会考试以及环境是否安静等等;而环境独立型学习则是指一种不依赖外界环境,能够自由掌控学习的状态、学习的进度,自主地选择并成目标的学习方式。

一个人从幼年走入青年,再走入成年,学习方式也会随着我们的成长而逐步趋于成熟、完善。从以上三个维度来看,学习方式的成熟意味着以下三个趋势:

趋势一:学习模式逐步从静态学习模式走向动态学习模式;

趋势二:学习动机逐步从被动学习模式走向主动学习模式;

趋势三:学习环境逐步从环境依赖型模式走向环境独立型模式。

目前,根据北京市教委有关课题的一项研究,我们发现文理科的最佳学习方式在这三个维度上出现较为明显的分化。我们用下图作为示意来说明文理科在学习方式上可能存在的不同。

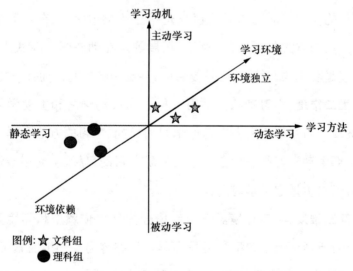

图 3.7 学习方式的三个评价维度

从图中我们可以看出，参与调查的文科生的学习方式其成熟度普遍优于理科。这和我们之前多次提到的文科学习注重体验和课外阅读的道理是一样的。**关于文理科各自在学习方式上的特点，我们总结出两条规律：**

第一，对没有偏科的同学，选择理科兼修文科的可能性更大，且成本更低。

第二，选择文科的同学必须首先调整并适应更成熟的学习方式，学会主动学习、自主学习、在情景中动态学习的方法，只有这样才能真正学好文科。

所以说，了解自己的学习方式有的时候比知道自己的考试成绩对于选择学文还是学理科更重要。因为你的学习成绩可能是不稳定的，可能带有一定的假象，但你的学习模式和与之相对应的学习能力是相对稳定的，它不会欺骗你。一些成绩不好的同学，通过分析自己的学习方式可以更快、更准确地找到自己的问题及潜力。因此，理解文科和理科学习方式上的差异不仅会使我们的文理科选择更加有的放矢，更加科学，而且对之后的专业学习都会有非常大的意义。

第三节 文理分科的决策方法

文理分科这一制度设计使我们课堂学习的重心提前发生了转移,它预示着我们的学习开始向专业化的方向迈进,并对接下来的专业学习提前做好铺垫。对于许多课堂学习和课外兼修可以相对平衡的同学来说,文理分科的影响其实并没有我们想象的那样大。相反,对于过分依赖课堂学习,轻视课外兼修或者干脆老师教什么才学什么的同学,文理分科对其学业的影响则会非常明显。当然,不管是哪种情况,文理分科都应该是一个科学的决策过程。它不能靠拍脑袋、下赌注的方式来找答案。这一节,我们来一起梳理一下前面所提到的一些重要观点,系统地分析文理分科的决策步骤和判断逻辑。

第一步:能力优势判断

首先,大家需要评估自己都有怎样的能力优势,以及你希望进一步强化和塑造哪些方面的能力。作为文理分科决策中的关键因素之一,能力比我们的兴趣及性格更加稳定,也会对我们接下来的学习产生更深层次的影响。前面我们已经讨论了四种核心能力对文理科学习的作用,这里我们就不再赘述了。需要再次强调的是,大家要更为辩证和理性地处理"扬长"与"避短"之间的关系。

该扬长还是该避短一直是一个争论不断的问题。传统的教育理念认为,人应该全面发展,不能默认或允许自己有不足的地方,至少在态度上要追求优秀、勇敢地面对自己的不足。持这样的观点的人经常会用木桶理论来形容补短的意义。我们暂且把这个观点称为"短板理论"。不过,现代教育实践使我们发现,追求完美并非是一个必然的真理,发挥优势永远比弥补缺点要更容易获得快乐和动力,而这个动力包括基于优势心态来弥补自己的短板,人人发挥优势的结果不仅仅意味着每个个体的幸福,更可以体现为团队与社会的和谐与共赢。我们称这样的理论为"优势理论"。"优势理论"不仅更符合人的天性,也符合资源利用效率最大化的经济学原理。在文理分科这个问题上,发挥优势和弥补短板应该都很重要。**二者的区别在于,"优势理论"属于战略,而"短板理论"则属于战术。"优势理论"用于决策,"短板理论"用于决策后的执行。**举例来说,如果你的数学有明显的优势,而语文则是明显的弱项,那么你应该选择学理科。但是在选择了理科后,你不是放弃语文的学习,而是应该增加中文的学习时间,努力提高自己的文科的学习能力。这就是战略和战术的区别。

虽然不是每一个成功的人都是在自己最擅长的项目上成功的,但我们可以肯定的是,他们绝对不会是在自己最薄弱的项目上苦苦挣扎而获得成功的。在关键的选择中趋利避害并非投机或功利主义,相反能在过程中以积极的心态持续不懈地完善自己才是真正的勇气。好莱坞动画片《狮子王》中有这样一句发生在小狮子王和他父亲之间的经典对白:"BEING BRAVE DOES NOT MEAN LOOKING FOR DANGER"。意思是主动去寻找危险并不代表勇敢。这句话在文理分科的科学决策中一样适用。

因此,文科能力优势明显的人应该去学文科,而理科能力优势明显的应该去学理科。但在此前提下,选读文科的要注重在课外兼修理科的知识,而选读理科的也应该在课外兼修中文、历史等文科知识。只有这样,既守住了自己的强项,又给自己的弱项的弥补留下了足够的时间和空间。我们必须承认,弥补短板并非一日之功,追求立竿见影是一种投机心理。它需要的是滴水穿石的功力和决心。

对于大部分文、理科的学习能力相对平衡的同学来说,的确可以有更多的腾挪空间。现在我们进入第二步,评估一下自己的学习方式。

第二步:学习模式的评估和选择

前面我们了解到文科的理想学习方式和理科的理想学习方式存在一定的差异。我们现在可以进一步了解一下自己的学习方式所处的状态,以及我们该如何发挥自己在学习方式上的特点来选择学文或学理。

文科和理科在学习方式上存在以下四点区别:

第一,文科的学习以记忆为主;理科的学习以推理为主。

第二,文科学习需要大量的课外阅读;而理科学习则要求大量的课堂实验。

第三,文科学习对课堂和考试的依赖度不高;而理科的学习则正好相反。

第四,文科学习更依赖生活体验的积累;而理科的学习则完全有可能在图书馆和实验室内进行。

　　从以上的四个方面我们可以更清晰地分析出哪些学习条件和环境是自己已经具备的,或者是通过自己的努力可以获得的;而哪些学习条件和环境是自己不具备的,或者通过自己的努力不容易获得的。**原则上讲,理科生要做到兼修文科相对简单,而文科生要在课外兼修理科的知识则相对困难。**当然也并非完全不可能。大量优秀的科普著作就可以为我们提供一个平等的走近自然科学的机会。此外,**文科的知识主要在于自修,需要同学们能够在互动的环境中进行体验性学习;**如果你不善于自学,不注重生活观察和经验的积累,那么即便你选择了文科也是学不好的。**而目前,理科知识仍然主要依赖传统的课堂教学、实验器材和导师。**因此,认真评估自己的学习方式,了解自己在学习方式上的局限性和潜力,对于文理分科的选择也至关重要。

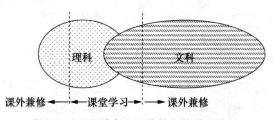

图 3.8　文理科在文理兼修上的重心差异

　　在文理分科时,我们除了需要确定自己未来课堂学习的重心,更要合理地规划自己课外自修的重心,这样才有可能真正做到文理兼修。**把课内和课外的学习一起加以规划是文理分科决策中的重要环节;把决策的结果和决策之后的学习方案一起加以规划更是文理分科决策中不可缺少的步骤。**通过这样的科学决策过程,我们可以把自己的学习空间从课堂扩展到课外,从教材扩展到生活的每一个层面,把我们学习伙伴从单纯的老师延伸到同学、父母以及身边的每一个人。这才是真正的学业规划。

决策因素3:决策时间点选择

前面提到理科生在高考时将会比文科生多出一个专业方向的选择,即文科生在高考时只能选择人文科学和社会科学方向的专业,而理科生则不仅可以选择理论科学或工程技术科学,还可以选择社会科学中的部分专业方向。因为社会科学中的很多专业都是文理兼收的。比如经济学、金融学、统计学、管理学等。

这样的制度设计的好处是,在不考虑学习能力的前提下,不能更早明确自己专业大方向的人可以选择理科。这也算是一种用时间换空间的决策思路。

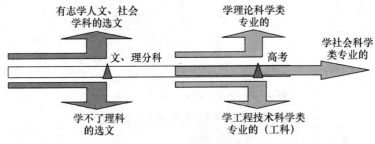

图3.9 文理分科决策时间点示意

有的同学和家长认为,选择理科比较辛苦。在某个角度上说,这样的理解是有道理的,因为自然科学技术的更新速度相对更快,而人文及社会科学领域的知识更新速度相对较慢。不过,人文和社会科学知识的复杂性与自然科学相比其实是有过之而无不及的。文科的学习对人的综合素质的要求要明显高于理科。文科不是给偷懒的人准备的。想偷懒的人既学不好理科,也学不好文科。相反,不管是文科还是理科,如果是一份你喜欢且可以热情投入的事,看起来很辛苦的工作你也会乐在其中。在文理分科的时候,我们应该努力让自己站在一个人生规划的新高度,避免被一时一刻的名利所诱惑。如果我们一开始就拈轻怕重,左顾右盼,那么很难想象我们在后面的学业规划中能够最终找到自己满意的专业以及职业方向。

文理分科并不是一件非常复杂的事。只要我们能遵循科学的规律,用发展性的眼光看待文理分科,就不难找到适合自己的答案。文理虽然分科,但我们不能被文理分科给分"死"了。相反,我们应该利用这个契机,对自己的学习能力、学习方式和学业规划的时间点做一个综合的盘点,为将来能够成为一个文理兼修的职业人打下坚固的基础。

案例分析:

文理"选错了"怎么办?

武悦(化名)的数学和物理都很好,所以老师认为她非常适合读理科。这也是让她在女生中引以为骄傲的事情。不过真到了分文理科的时候,她却开始犹豫了。原因是她的父母认为她是女孩子,应该学文科,这样以后做些"轻松点儿"的工作。武悦是一个很懂事的女孩,不能学理科虽然让她感到遗憾,但面对父母的"关心"她似乎

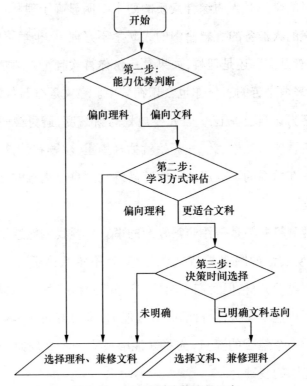

图 3.10 文理分科决策流程示意

特别说明：这是示意图。请大家根据自己的个人情况调整判断条件和步骤。

也找不到驳斥的理由。是呀，父母的人生经验那么丰富，自己有什么资格去反对呢！

于是，武悦选择了文科。但她也因此一直闷闷不乐……

班主任李老师看出了武悦的心思，找她聊天。她给武悦看了一张某大学的专业目录，他们一起分析了文理兼收的专业都有哪些。武悦这才发现，原来有很多看似偏向理科的专业其实也招收文科生。李老师告诉武悦,其实,理科读不好才学文科的想法并不科学。学文科不代表轻松,相反,凭借软实力来竞争需要付出更大的努力。文科需要有大量的课外阅读,并有对社会问题的关注和思考习惯,而且文科中的很多问题是没有标准答案的,要想学好并不比数学更容易。

此外,学了文科不代表就离开了数理化。比如设在哲学系中的数理逻辑就需要数学的功底;再比如经济专栏的记者或编辑也同样需要相当的数学功底,所以说文理不分家。

武悦和李老师的沟通非常愉快,她感到心里豁然开朗了许多。回到家,武悦和爸爸妈妈谈了老师的建议。爸爸妈妈都没有意见。后来,武悦参加了以前只有理科生参加的计算机兴趣小组,并和几个理科生一起负责了学校校报中"趣味数学"栏目的编辑。此外,武悦一点点养成了每天听新闻的习惯,经常向校报投稿评论时事。在文科班里,武悦成了学得最"辛苦"的一个。

终于,武悦凭借自己良好的数理功底考取了北京大学经济学专业,在她们班上,武悦成了唯一一个来自北京考区的文科女生。

第四章 从职业的角度选专业

第一节 专业选择与职业方向

中国有句老话,男怕入错行,女怕嫁错郎。而随着更多的女性走进职场,以及职业的不断分化,职业之间的性别差距正在不断地缩小。可以说,无论男生还是女生都将面对同样的问题——如何才不会入错行。作为文理分科之后最重要的职业方向选择,专业到底对我们未来的职业会产生怎样的影响,我们可以有多少次专业方向选择的机会,以及该如何规划大学之后的职业生涯才会少走弯路,这些又成为文理分科之后同学们所关心的新问题。

首先,选择专业是大多数人开始认真思考和体验职业的一个起点。与国外发达经济体相比,我国的基础教育环境相对封闭,学生对社会比较陌生和疏远。当面临专业选择的时候,很多同学才不得不从书堆里抬起头,正视教室之外的世界。可以说,专业是每个人职业生命的引擎,它将启动我们从学生迈向职业人的蜕变过程。专业也许不会决定你的目的地,但它却是那辆载着你向目的地奔跑的火车。

其次，专业是多数人一生中第一次面对一个复杂的、差异化的选择，是对每个人社会化思考和理解能力的第一次综合检查。在专业选择之前，我们的大部分课堂学习都是一个标准化、被选择的过程。我们所有学习的内容都是教学大纲规定的，没人强迫你、甚至没有机会被允许选择和别人不一样的学习内容。相反，各种规则和标准都在努力地引导学生做趋同的选择，而到了专业选择的那一刻，我们第一次需要面对一个如此复杂的差异化的选择。甚至仅从专业的"细分程度"来看，这个选择的复杂程度远远超过了美国等发达国家的大学专业方向选择。因此，专业选择与其说是选择专业，不如说更是我们的学生第一次学习如何进行复杂的、差异化的选择。

第三，专业选择是我们的学生第一次运用跨学科、跨平台的知识进行决策。从小学开始，我们的课堂学习都是一个学科、一个学科彼此独立进行的。语文课就学语文不会教历史，数学课就学数学而不教生物，各个课堂之间的交叉是非常有限的。这和美国中小学只设自然科学和人文科学两大课堂的跨学科教学思路相去甚远。然而，大学的专业其知识体系多是多学科相互交叉的。要理解这些专业的内涵，就需要具备将不同学科的知识进行融会贯通的能力。对于只知道文理两条线的中学生来说，大学的专业几乎就是天书。可以这样说，专业选择第一次要求我们的学生把一直被彼此割裂的学科知识进行重新整合，然后才能理解并选择自己的大学专业方向。

显然，我们不仅是为了考大学而选择专业，选择专业的意义远远超出了高考、甚至超出了狭义的学业的概念。因为**专业选择的过程比专业选择的结果对一个人职业发展的影响更大**。有人说,选择专业就是在选择人生。其实更准确的说法是,选择专业就是在选择一种人生的态度:或投机、或理想、或务实、或感性、或偏执、或完美。对于严重缺乏社会经验的学生来说,**专业选择是一次重要的成长过程**。它可以验证我们是否有能力去思考和观察外部的世界;是否有勇气去面对一个复杂的、个性化的选择;以及是否有技巧去整合自己所学的知识。而一旦你把专业选择的权利交给了父母或他人,那么也就意味着,你放弃了这个人生重要的成长机会。相反,如果你选择了以主人的姿态来积极地参与专业选择的过程,那么你的人生一定会因此而大为不同。

专业选择的十大误区

误解之一:好找工作的专业一定是好专业。

从经济学的角度解释,所谓好找工作的专业只是在某个时间点需求量超过了供给量的专业。比如现在好找工作的专业就包括高级(航天等)技工、知识产权律师及通讯工程等。但好找工作并不代表你会喜欢或者你有能力达成。此外,需求量和供给量是相对的、变化的。从选专业到大学毕业最短四年甚至更长的时间,市场的需求和供给都会发生变化,包括某个专业是否好找工作。

误解之二:只要大家都认为好的专业一定适合我。

所谓"大家"并非是每个人,可能只是某一部分人。而你选择哪些人的意见来参考,取决于你的价值观和所接触的对象,并且人的能力、兴趣、个性不同,大家都喜欢吃的东西你未必喜欢,大家都追求的人未必可以成为你的伴侣。有时候,真理的确是掌握在少数人手里的。只要你有清晰的思路,很多人都会犯的错误你也未必要跟着犯。选专业就是如此。

误解之三:专业其实就是一张文凭,一个学历,所以学什么都一样。

专业学习合格的确会有一张文凭,但文凭可以是假的,可以掺水,甚至可以是过时的。唯一不能替代的是你的学习经历,以及在这个过程中你所领悟的道理、培养出的专业习惯以及所获得的专业能力。所以,文凭只能算是一个面具,而一旦你张口说话或抬腿迈步,你的文凭就会失去意义了。

误解之四:热门的专业就等于好专业。

有的"热"的确是因为专业学术水平高;有的"热"是因为容易就业;有的"热"是因为容易学、好混;有的"热"是因为好留学。任何社会、任何时间都会有热门的专业,但所"热"的理由却大相径庭。所以,不是所有的热门专业都是好专业,关键是要选择好"热门"的标准。

误解之五:学专业就是学一门技术,学理论没有用。

所有技术的基础都是理论,缺了理论根基,技术是站不住脚,立不住根的。理论学习和技术培训相比,就好像北大计算机专业科班和青鸟软件培训班之间的区别。前者可以培养出软件行业的领军人物,而后者却只能培养软件技工。一旦产品淘汰或技术升级,没有理论基础的技术工人就会首先被淘汰。所以,如果上大学只是为了学一门技术，而不重视理论基础，还不如直接去上技术培训班更快一些。

误解之六：专业如果不对口那就白学了。

专业的确需要"对口"，但这"口"有多大就要取决于自己的志向和能力了。多数人一辈子只会上一次大学，如果你希望这一生一次的机会只和自己毕业时的第一份工作对口，那么 3/4 的可能性你的专业白学了。如果你看重的是你所学的专业知识对未来十年的价值，那么无论学的是什么专业，至少 3/4 的可能性你的专业不会白学。如果你看重的是自己在专业学习中所获得的能力、思维方法和职业资源，那么任何专业都不会白学！

误解之七：只有学了我喜欢的专业，才能干上我喜欢的工作。

一些硬门槛专业的确如此，比如医学。然而，绝大多数专业属于软门槛专业，尤其是很多宽口专业，其实可以殊途同归。

误解之八：只要专业名称是一样的，上哪个学校都一样。

专业的价值由学校资源、老师水平和同学的水平三者共同组成。同一个人，在不同的学校学习，其实是在享受不同的教育资源，自然也会有不同的教学质量。虽然这方面的差异在学历证书上没有记录，但却记录在你的能力单上，记录在众人的口碑中。

误解之九：专业只有一次选择的机会，过了这个村，就没有这个店了。

学业规划的标准之一就是要缩小学业选择的风险。如果不包括上大学后申请转专业、第二学历等微调的机会，学业规划中专业方向选择的机会通常不会少于三个，即大学专业、研究生专业、横向职能转型等。专业选择不应毕其功于一役,这是一系列选择的过程。盲目追求一步到位,无疑会大大增加选择的成本和风险。

误解之十:带"国际"、"管理"字样的专业一定是好专业。

所谓"国际××××"专业并不意味着只有这个专业才可以给你更宽的国际视野和跨文化交流的机会。而所谓"××××管理"专业也并不意味着这个专业专门培养管理者。在专业名称上附带这些时髦的定语,更多地是为了吸引眼球,它不能等于任何承诺。

专业选择的时间跨度

人对社会、对环境的认识其实是一个循序渐进的过程。具体到每一个个体,由于生长环境、实践机会的不同,认识发展的差异就更大了。有的同学很早就开始观察和思考职业了,所以对自己未来的判断和选择的确定性会较大。而有的同学则因为缺乏适当的环境和机遇,或者对自己的能力等因素的评估不准确,始终不能确定自己的方向。**一个人对自己未来目标做选择的时间可早可晚,这与他的智力无关,与运气也没有关系,而是与他的目标大小以及做决定的方式有关,或者说它与一个人思想及情感发育的成熟度有关。**也就是说,一个能从小就说自己将来要当科学家的孩子,其实并不比一个上了大学还不能明确地说出自己职业目标的大学生更聪明,或者更有志向。这是很多人关于志向和目标的一个误解。总以为更早地立志、志向更具体,甚至更伟大才是最好的,其实不然。

此外，每个人的性格不同，对自己的人生目标的判断和选择方式会有很大的差异。比如，有的人非常务实而周全，他不愿意在有十分的把握前就轻易阐明自己的目标；而有的人希望与众不同，当他了解大多数人的观点后，马上就会选择一个标新立异的思路，以吸引别人的眼球；有的人更在意选择背后的社会意义，随着他对社会的理解的加深，他的志向的表达方式也会随之调整；更有的人不愿意被束缚和局限，永远要为自己留有选择的空间，所以迟迟不愿意做决定。正是因为人和人选择方式的不同，每个人要明确自己未来方向所需要的时间其实也不一样。有的人只需要一年，而有的可能需要十年，甚至更长的时间。因此，**对于专业选择这样一个个性化的问题，我们应该结合每个人的具体情况，给自己一个比较充裕的思考、体验和论证的时间，甚至还应该包括试错的时间。**

专业选择虽然不可能一步到位，但它却是一个循序渐进的、理性的推进过程，而不是一时的冲动。早做决定并不代表更有理想，晚做决定也并不代表优柔寡断。单纯从做决定的快、慢并不能说明这个过程是否科学，也不能保证决定的结果是否正确。根据一个非官方的调查，大部分学生在开始思考专业问题后至少还要三至五年的时间才能逐步明确自己的专业方向。这说明，专业选择是一个需要时间来孕育的过程，而非一次赌注。违背科学的生命规律，拔苗助长只能让原本旺盛的生命过早凋零。

与国内大学专业划分过细、专业方向选择过早不同，在美国，多数大学生在本科阶段选择进修人文和理学等基础学科专业，到了大三或大四，甚至是研究生阶段才会对自己的专业方向做进一步明确的选择。比如哥伦比亚大学,它的本科不设医学专业。希望向医学方向发展的同学在本科阶段主要学的是生物和化学,到了研究生阶段才会正式进入医学院学习医学。而想当航天工程师的学生,在本科阶段主要进修的则是物理和数学方面的基础课程,到了研究生阶段才会具体细分是主攻飞行器,还是主攻遥感技术。同样,希望学金融的学生在本科阶段学的也主要是数学和经济学等基础科学。相比之下,我国大学专业科目划分得过细,造成学生在理解和清晰自己的未来方向之前已经不得不被局限在一个非常窄的专业领域中。这也使得原本可以从容应对的专业选择问题变成了一个高考前仓促上阵的一次"赌博",人为地造成专业选择中普遍存在"夹生饭"、甚至是投机的现象。

此外,在国外,本科的学生可以自由地跨专业、跨学院去选修看似与自己毫不相干的专业课。比如在文学院的课堂上会有理学院的学生前来听课,而理学院的课堂上也会有艺术系的学生在旁听。尤其是像历史、文学、经济学、心理学等通识性基础课程更是如此。**事实上,大部分学生并非是在专业课开始之前就确定自己的职业方向,而是在专业课开始后,经过两三年的时间逐步收窄自己的选择、明确职业方向。因此,大学专业课的开设需要遵循一个由宽到窄、循序渐进的专业培养思路,让同学们能够有一个边学、边思考、边选择的机会。**想一想,在教育环境相对宽松、职业启蒙教育起步较早的环境中,年轻人尚且需要这样一个过程来完成科学、理性的职业选择。相比之下,中国学生必须在迈进大学校门之前就要完成自己的专业方向选择,显然难以避免一定的盲目和土观。在这个制度设计环节，不仅反映出专业教学设置的技术问题，更从一个侧面反映出我们国家在基础教育和高等教育的衔接上存在明显的缺陷。

所以说，选择专业是一个需要时间来酝酿和打磨的决定。同学们可以更早地做准备、为自己争取更多的时间，但同时也需要有耐心去等待，有勇气去试错。从容、自信地选择，真诚地陪伴自己一点一点地成长。当你一旦启动了自己的职业之旅，你就需要准备好持续地思考，不放弃努力。

基础科学与应用科学

前面我们提到，四大专业类型可以分为基础科学和应用科学。**其中，人文科学和理论科学属于基础科学，而社会科学和工学则属于应用型科学。其中人文科学是社会科学的基础，理论科学是工程技术科学的基础。**所谓基础科学就是注重理论研究和创新的科学。基础科学比较容易往应用型科学发展，反之，则会困难较大。例如，中文属于人文科学，而商业管理属于社会科学，学习中文的人往商业管理的方向发展是一件相对轻松的事情，而学习商业管理的人想去研究中文，却难度很高。这样的不可逆的关系在理学和工学之间也同样存在。比如，数学属于理学专业，而软件工程属于工学专业；学数学的人从事软件设计易如反掌，而学习计算机软件的人却很难在数学研究上取得成绩。还有，物理专业的学生将来往计算机硬件、通讯、机械、电子等方向发展，空间很大；反之则可能性甚小。可以说，**从基础科学往应用型科学发展的这个过程**

一般来说是不可逆的。

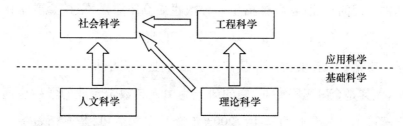

图 4.1　四大专业类型间的逻辑关系及不可逆性

正是由于四大专业类型之间这种不可逆的逻辑关系,对于有能力的学生来说,大学本科选择基础科学专业作为自己的主修专业,对于后期的学业乃至职业发展都将是相对明智的。前面提到美国一些名牌大学中相当多的本科课程都是基础科学专业,其背后的教学理念也是为了给学生创造一个更宽的学业及职业发展空间。因为人文科学和理论科学等基础科学专业可以帮学生奠定更扎实的专业基础,也可以给学生更系统的能力训练。基础科学专业的起点虽然高,却可以让人终生受益。

表 4.1　基础科学与应用型科学的比较

基础科学(人文/理学)	应用型科学(社会/工学)
强调理论思维能力,抽象思维能力	强调操作动手能力,具象思维能力
跨专业、跨职业应用性很强	与职业对口度高,适用性较窄
学业规划至少到硕士研究生	学业规划通常止步于本科
强调学习能力和可持续发展	强调当前所学技术、工具的实用性
冷热波动较小,专业需求相对平稳	随经济周期和技术更新波动较大
不易自学,名校教育非常关键	适合自学,对课堂依赖度不高
专业生命力强,终生受益	专业生命力弱,知识要持续更新

从基础科学到应用科学的学业规划思路,需要具有中长期规划的视野和高度,而不能仅仅着眼于大学毕业后的第一份工作。

就拿金融学专业来说,它属于社会科学的范畴,过去十几年它都是非常热门的专业,各高校招生的分数也居高不下。不过,金融学作为应用型学科,它的理论基础是数学和经济学,因此,数学专业的学生申请金融投资类工作其实比金融专业科班毕业的学生更有优势,尤其是金融工程专业,它的研究生中来自数学专业的学生也远远超过了金融专业的学生。2008年全球金融危机,华尔街裁掉了大批金融和投资顾问,而金融工程的岗位却一个都没有裁。

然而,由于不了解基础科学与应用型科学之间的关系,大批优秀的高中毕业生放弃申请数学等基础学科专业,而去竞争被热捧的金融专业,这其实是对自身天分与中长期职业发展机会的一种浪费。

资料分享:

如何判断综合性大学的实力

要想判断一所大学的学术氛围和教学实力,通过了解它在人文和理学等基础学科上的优势就可以基本做出判断。因为真正能体现一个大学的底蕴和学术高度的首先是它在人文科学和理论科学上的水平,而不是社会科学和工程技术科学。因为人文和理论科学的门槛很高,学校在学术资源的积累和研究团队的建设上所需投入的时间也比较长。我们经常讲,十年育树,百年育人。一所好的大学可能需要近百年的时间才能建立。相反,如果一个学校的优势学科,或者是国家、省、部级重点专业都集中在社会学科或者工程技术科学领域,比如,企业管理专业或计算机软件专业等,那么这个大学的实力和底蕴其实离一所真正的综合性大学还有相当的距离。

除了优势专业的类型,我们还可以从该所学校研究生的人数和比例分析一所大学的基础理论研究环境,比如清华大学本科生考研的比例就高达70%,而同样是名牌大学,有的本科生考研比例甚至只有20%。

在人文科学和理论科学这两个基础科学领域,哲学和数学专业的地位更加特殊:哲学是所有人文和社会科学的母体;而数学是所有理论和工学等自然科学的母体。可以说,越是基础性的专业其延展性也就越强。因此,哲学和数学对人的基础能力的塑造是最强的,其专业拓展空间也自然最大。

图 4.2　数学和哲学与各学科的关系

不过,大多数同学对于哲学和数学这样的基础专业的价值和意义还不是非常理解,关注度也非常有限。有些人误以为,学哲学就是学政治,是"不识人间烟火"的理想主义者才去学的;同样,也有人误认为搞数学的人也都是像陈景润那样的书呆子,连生活自理能力都没有，更别提生活的乐趣了。可事实却恰恰相反，真正的哲学是人类思想实现大跨越、大革新的推动力。哲学是研究方法论的科学，它侧重培养的是人的辩证思维和逻辑思维能力，对规律的认识和提炼能力等。哲学是其他人文科学乃至社会科学所不能企及的。而数学和哲学一样，对抽象思维能力要求非常高，它为所有自然科学的研究提供理论支撑和研究方法。因此，**哲学和数学这两个被很多人遗忘、冷落的专业，其实才是我们人类智慧与文明的皇冠上最闪亮的明珠。**

大学专业的进一步细分

四大专业类型又被进一步细分为 12 个专业类别。它们分别是**哲学、经济学、法学、教育学、文学、历史学、理学、工学、农学、医学、军事学、管理学等。**

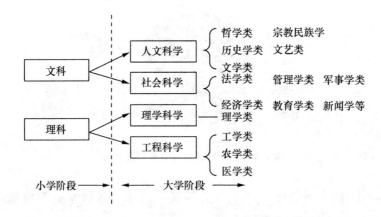

图 4.3　四大专业类型与 12 个大学专业类别

特别说明：一些专业属于跨界学科。比如医学类专业中的细分专业，有更偏向理论科学的生物医学专业，也有更偏向工学的医学检验专业。

大学专业的冷与热

在过去的十几年中,我们见到、听到过很多所谓的热门专业:从国际贸易到英语,从旅游管理到法律,从多媒体制作到动漫设计,从金融到投资银行……很多同学也从报考时的狂热走到毕业时的焦虑,心情随着热门专业一起沉浮。然而随着时间的推移,越来越多的人发现,所谓的热门专业并没有像所传的那么神圣,而所谓的冷门专业也并没有像想象的那么可怕。在一次又一次像坐过山车似的大起大落之后,我们对所谓热门专业与冷门专业的认识也一步一步从简单盲从逐步走向成熟。而在飘忽不定的冷门与热门名词的背后,到底什么才是始作俑者呢。

顺着基础科学与应用型科学的分析思路我们不难发现,绝大部分曾经的热门专业都属于应用型科学,即社会科学或工程技术科学专业。比如金融、工商管理、计算机软件以及法律等专业都属于应用科学的专业。这些应用型专业多数以技术训练或工具操练为重心,理论学习的比重相对较轻。但应用技术其实会随经济周期的波动和技术更新的推进而快速变化。学的永远赶不上用的。比如你在校学的是2.0版本的软件,结果一毕业发现工作中用的已经是4.0版本了。这意味着你所学习的工具已经被淘汰了。对于应用型科学中的专业,不管你是多么有预见性,你都无法想象在4到6年后,也就是自己毕业的时候,技术及应用会发展到怎样的程度。包括企业或行业管理类专业,很多学生在课堂所学的管理理念和行业结构到了毕业的时候早就过时了。正是由于应用科学的门槛较低,理论基本功相对薄弱,导致专业人才的可替代性相对高,冷热波动大,低端竞争激烈。

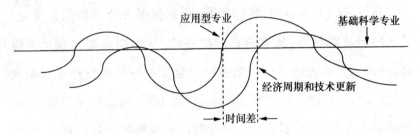

图4.4 基础及应用型专业与经济周期间的关系

应用科学中的很多专业通常基于某一具体的技术或产品而设立,因此会出现生命周期短、忽冷忽热且教学内容更新与产业技术发展进度相脱节等现象。于是,有人开始指责大学教学跟不上行业发展,教学内容更新不够快,导致毕业生的就业能力不强。其实,这是对大学教育的曲解。对于那些经济周期短、技术更新快的行业,无论教学内容跟进得如何快,其实都赶不上市场的变化。因为从教材的形成、成熟,教师团队的培养和教学的安排都需要一个合理的周期。如果想让大学的教学跳过理论研究和教学经验积累的过程而简单地跟着行业新技术的屁股后面跑,那么实际上就把大学的教育矮化为简单的技术培训了。这也是另一种急功近利、违反科学规律的做法。相反,大学教育应该更注重基础理论和专业能力的训练,我们的学生仍然可以通过自学掌握新的技术,学习新的应用工具,不仅可以具备很好的就业能力,而且还可以保证学生有更强大的职业发展的后劲儿。这才是大学教育的意义和价值。放弃基础理论的学习,盲目追求技术应用,我们就是舍本逐末,竭泽而渔。

还是拿软件专业来说。很多行业报告中都提到中国的软件人才的缺口达到了六位数之多。可是在我们身边,却仍然有大批软件专业的毕业生找不到工作。这其中的原因就在于许多学校的软件专业或软件培训学校所教的仅仅是软件工具,而并没有涉及更深的软件基础理论。学生只能成为软件生产线上的技术工人,却无法胜任更高层次的软件设计工作。行业报告中所指的人才缺口并非技术工人,而是具备深厚的软件理论基础和创新设计能力的,同时还具备一定软件项目管理经验的高端软件人才。在美国,很多软件行业的高端人才其实毕业于数学、物理等基础学科专业。可见,重视基础理论的教学,重视基础学科的学习对于个人职业发展和行业的升级转型是同等重要的。

大学专业的门槛

人文科学和理论科学作为基础科学,它的招生门槛是比较高的。因为这样的专业对学生理论研究和综合能力的要求会更高。相比之下,社会科学和工程技术科学的专业门槛就偏低,对理论研究和综合能力的要求也相对较低。

此外,我们还可以根据专业对某一职业的必要关系把专业分为硬门槛专业[①]和软门槛专业[②]。比如医学就属于典型的硬门槛专业。和传统中医领域,学生跟着师傅当学徒多少年后学成了就可

---

① 硬门槛专业指从事某一职业或某个行业所必须的专业训练。
② 软门槛专业指与某 职业或某个行业不存在必要关系的专业训练。

以自己行医的年代不一样了，今天如果你想进医院当医生，没有临床医学专业的学历或资质几乎可以说是不可能的。同样，如果你在大学本科学的不是建筑学专业，很难想象将来你会成为建筑设计师。

随着行业管理的日趋标准化，专业资格已经成为很多职业或行业的一道屏障。这样的管理模式虽然喜忧参半，但已经成为一个不可扭转的趋势。工程技术科学中的大部分专业都属于硬门槛专业。而人文科学、社会科学和理论科学中的部分专业大多属于软门槛专业。

表 4.2　硬门槛专业与软门槛专业的对比

软门槛专业	硬门槛专业
从事某一职业不是必要的	从事某一职业的必要条件
专业适用广，可跨平台发展	专业的适用性较窄，对口培养
强调软实力、综合性	强调技术和工具操作
机会成本和转型风险较低	机会成本和转型成本较高

硬门槛专业由于它的适用性比较窄，在专业选择之前同学们需要相对明确自己未来的职业方向。如果你一旦完全放弃了既定的方向，那么你所学的知识很大程度上就浪费了。转入新的领域，你很可能需要从零开始。除了你所获得的能力是可以迁移的，你所学的专业知识移植难度相对较大。比如，学医的人一旦不做医生了，你的临床医学知识很难转移到其他的领域。

相反，软门槛专业的适用面宽，不必刻意追求专业对口，所对应的职业方向和选择机会也比较多。因此，对于还未明确自己职业方向的学生可以优先选择软门槛专业。

专业对口的误区

近几年,一些关于大学毕业生专业不对口的调查引起大家的关注。其中有的调查显示有近40%的毕业生专业不对口,还有的不对口率达到60%以上。这些数据让很多学生和家长感

到焦虑与不安。于是开始出现"上大学无用"和"专业无用"的论调。有的人甚至认为上大学仅仅为了得到一个文凭,学什么不重要。其实,从硬门槛和软门槛专业的角度来看,这些统计数据和相关的结论显然过于简单且存在误导。

根据定义,硬门槛专业更容易与具体的职业对口,而软门槛专业本身就属于宽口专业,侧重通识教育和软技能培养。应该说软门槛专业根本不需要与某个职业对口。但是很多人却望文生义,根据专业名称生拉硬套地与某个职业或某个行业来做连线。比如商业企业管理专业,不可能毕业生一毕业就做管理才算做专业对口。如果可以这样机械地理解专业对口,那么像中文这样的基础人文专业恐怕只有做中文老师或编辑才可以算做专业对口了。所以,**专业对口率的调查其实应该剔除掉软门槛专业**。只有硬门槛专业才需要真正考虑专业是否对口的问题。可惜的是,目前所有的专业对口率的调查都没有把专业进行区别对待。而盲目夸大甚至歪曲专业对口的问题,不仅扭曲了大学教育的价值和内涵,更使

得学生和家长产生了不必要的焦虑。

资料分享：

"人文与科学"或称"普遍教育"专业

美国大学中有一种专业叫"人文与科学专业"。这类专业提供的是一种全面发展的、不求专业但求全面的教育。所以有的大学也把它叫做 General Studies，即普遍教育，也就是我们平时所说的通识教育。该类专业的必修课程包括自然科学、人文科学、数学、英文、外语和艺术等非常广泛的内容，而并非限定在某一专业技能上。这类专业更接近于西方教育的传统，它充分体现了大学教育并非直接服务于某一职业的真正使命。也使得大学教育（Education）的意义有别于技术培训（Training）。而盲目追求专业对口其实也是对大学教育理念的一种扭曲。

大学的专业学习更深层次的意义不仅在于所学的专业知识，而在于培养学生的专业素养和专业能力，积累专业资源，养成职业化的行为和思维习惯。所以，**大学专业的价值并不一定会直接体现在毕业后的第一份工作是否对口**，而在于这个专业所蕴含的知识体系和专业资源是否对你未来的职业发展起到了它应该有的作用；大学专业的价值也并不一定会直接体现为你学的知识能马上用到，而在于这个专业是否教会了你持续性地学习你所需要的专业知识，以及是否赋予了你可以伴随一生的专业化思维、专业视野以及专业能力。想想看,一个学哲学的人如果最终成为一个具有创新型管理理念的企业家,难道可以说这和他的大学专业没有关系吗?一个学集成电路的人如果进入一个芯片研发基地的人力资源部作技术招聘总监,难道就可以说他专业不对口了吗?因此,仅仅通过对毕业生第一份工作的调查来说明专业的价值,可以说是生硬的、机械的、不可取的。这种草率的、片面的专业认识不仅扭曲了大学专业的意义,回避了目前大学专业划分过细、基础理论教学薄弱等实际问题,甚至让越来越多的人对大学的教育产生了质疑和困惑。

所以说,担忧专业不对口的问题其实或多或少地有些杞人忧天,我们无须过多地渲染。如果我们过于看重专业的短期功利性,而忽略了专业的内涵与长远价值,那么我们就犯了本末倒置的错误。因此,同学们在选择专业的时候,没有必要因为专业不对口的问题而过分忧虑,当然也不需要因为专业对口了而沾沾自喜。**用专业的思维来看待自己的专业,你的专业才会为你呈现出它原本的风采。**

专业命运的选择机会

对多数人来说,人生并不会只有一次选择专业命运的机会。学业规划的周期越长,选择的机会也会越多。当然,随着专业的细分和深入,专业方向的选择往往不是一步到位的,这个调整的过程就像接力赛一样,是一步一步循序渐进或循环式上升的推进过程。一些人担心,如果高考的时候选错了专业,或者被分配到了一个自己不喜欢的专业,自己未来的职业可能就会因此而误入歧途。这种担心显然是多余的。

在今天这个人才可以自由流动的市场,职业人的专业方向其实有很多调整和选择的机会。**专业方向选择的关键问题不是能不能,而是该不该以及如何选的问题**。一般来说,在进入职场之前我们可以有五次专业方向选择的机会。

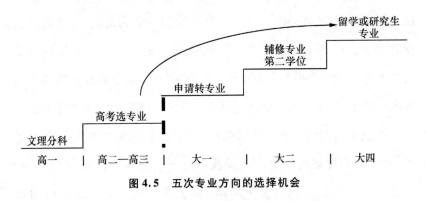

图 4.5 五次专业方向的选择机会

转专业的机会。这五次专业方向选择的机会,其实每一次都会面对全新的可能。目前,一些大学在一年级上学期结束或第一学年结束时,为班级或年级排名前 5%—10% 的大一学生提供转专业的申请机会。当然,大多数情况下,同学们只能申请本院系范围内的其他专业,而跨院系转专业的机会和成功率还不高。

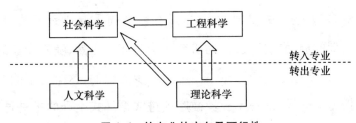

图 4.6 转专业的方向及可行性

专业方向再次选择的规律和我们之前所提出的四大专业类型之间的不可逆递进关系是相辅相成的。需要说明的是,社会科学和工程技术科学成为主要的转入专业并非因为这些专业更热或更好,而是作为应用型科学它们的门槛较低,学习相对容易。而这种专业方向的递进仍然是不可逆的。

大学转专业制度的局限性

虽然越来越多的大学为成绩优异的同学提供转专业的机会,但其实真正提交申请并成功转专业的比例还不高,有的甚至低于有效名额的一半。纠其原因,一是因为有越来越多的同学开始理性地面对自己的专业,对转专业抱有越来越谨慎的态度。更重要的是,目前转专业制度的设计还存在诸多局限性。

1. 申请的门槛过高。大部分学校只为班级或年级排名前5%—10%的同学提供转专业的机会。而对转专业存在更强烈需求的往往是成绩不好的那部分同学。

2. 提交申请的时间过早。大学一年级学的都是基础课,专业课的学习还未开始。同学们对自己本专业其实还缺乏真正的了解,因此不足以帮助同学们更好地判断是否该转专业,以及该转向哪个专业。

3. 多数学校同时提供第二学历和辅修专业的申请机会,而有些接受转专业申请的专业其实与第二学历或辅修专业的选择是重叠的。

以上这些制度设计缺陷让转专业的行动仍然步履维艰,还不能真正满足学生对调整专业方向的需要。

辅修及第二学历。从大二下学期开始,同学们可以开始选择辅修专业或第二学位。这被很多对自己主修专业不够满意的同学视为救命稻草。因为到了大二,主修专业的专业课已经开始了,大家对本专业的认识也逐渐从模糊走向清晰。尤其第二学历属于独立的学历资格,对于那些在学历教育体系内浸染多年,认为多一个学历就等于多一份安全感的学生来说,的确有相当大的吸引力。

不过,辅修也好,第二学历也罢,对于已明确要考研或出国的同学其实是一个要慎重对待的问题。要完成一套完整的课程体系,不仅意味着几乎双倍的学业负担,甚至有时会与考研复习、留学申请乃至实习等目标产生严重冲突。此外还要参加英语四、六级考试。现在,经常有一些同学在辅修或第二学历课程进行到后半段的时候,出现疲于奔命、简单应付的现象;逃课、作弊问题频出;甚至有的同学不得不中途放弃。

虽然辅修专业和第二学历的确给同学们多一次专业方向选择的机会,但在进行学业规划时,我们仍然要取舍得当,做到有所为而有所不为。辅修专业或第二学历毕竟不是一个非有不可的内容,它仅仅是在主修学业之上那锦上添花的一步。因此,学业规划绝对不能眉毛胡子一把抓,越多越好。而应该把自己大学期间的各项学业计划统筹安排。对于已明确要考研或留学的同学,建议避开辅修或第二学历的环节(请参考"专业解读篇"中"辅修专业该如何学"相关内容),避免因为盲目求全而耽误自己更重要的学业目标。学业规划是一个系统工程,学会抓住重点很关键。这就是选择中的"取"与"舍"。

跨专业学习的门槛

美国大学多采用学分制。学生可以自由地申请到其他院系听课,而无须首先申请成为该专业的学生,更无须征得自己所在专业系领导的同意。这大大降低了跨专业学习的门槛。相比之下,我国大学各个专业间行政管理相互独立,把原本可以打通的知识和教学体系分割成了不同的院系。原本跨专业学习只是在不同院系随机选听几堂课即可,现在却要学习整套专业课程,而且还要得到相关专业系领导的许可。这不仅浪费了大量的时间,还人为造成跨专业学习的高门槛。可以说,专业管理条块分割的体制已经成为目前大学推行通识教育的最大障碍之一。

(硕士)研究生学历。在那些对自己的人生有长远规划且学有余力的同学眼里,研究生似乎成了一个更理想的、使自己跻身于复合型人才行列的机会。不过,很多学生会在辅修专业、第二学历与研究生专业之间到底孰重孰轻存在疑虑。本科的辅修专业或第二学历能否代替考研呢,研究生学历到底有什么特殊的价值和意义的确值得我们去认真想清楚。

表 4.3 辅修或第二学历与研究生学历的比较

辅修或第二学历	(硕士)研究生学历
专业可选面窄,集中在法律、贸易、金融、计算机及管理等应用型学科专业	专业可选面宽。涵盖人文、社会、理学和工学四大专业类型。是提升理论研究和理论创新能力的必经之路
集中在本校或本院系范围内选择	可跨校选择

(续表)

辅修或第二学历	（硕士）研究生学历
仅提供专业宽度的横向延伸	既可以提供专业的横向延伸，更可提供本科专业的纵向延伸
价值低于本科主修学历	价值高于本科学历
只需要通过申请和面试即可进入	需要单独的笔试、面试，相对严格
可在大学四年内完成	需要增加两年的学习时间

除了要多投入两年的时间和更严格的考试申请流程，（硕士）研究生在其他几个方面比辅修或第二学历明显更有优势。因此，对于有长远学业目标的人来说，（硕士）研究生应该属于优选方案。辅修或第二学历不可能替代（硕士）研究生的价值。

还有一个误解，认为研究生应该是将来搞研究的人才需要去学。其实不是这样。研究生分为硕士研究生和博士研究生两种学历：**硕士研究生主要培养的是具备一定理论研究和创新能力的应用型人才；而博士研究生主要培养专门从事理论和技术研究的研究型人才。**事实上，硕士研究生的适用面非常广。各行各业的产品创新、制度创新、技术创新以及管理创新的高端岗位都需要这样的应用型人才。在我国当前产业升级、经济发展转型的大背景下，硕士研究生的定位正好符合我们经济转型、产业升级的需要，符合我们建设创新型社会对人才的需要。而认为只有做理论研究工作才需要进修硕士研究生的学历观点是片面的。

资料分享：

关于硕士、博士和博士后

【硕士研究生】并非只有做理论或技术研究的人才读

硕士研究生。虽然我们说硕士学历是申请博士的必要条件,但硕士的主要培养目标还是具有一定研究和创新能力的应用型人才。它适合各行各业的技术或管理的高端岗位。

【博士学历】专门培养理论或技术研究人才。事实上,非研究型工作是不需要博士学历的。现在社会上有一种学历攀比的风气,认为博士一定比硕士好,连企业管理者,甚至政府公务员都去"混"个博士学历。事实上,只有适合并明确做研究的人才需要进修博士。因此博士的专业对口率应该是最高的。

【博士后】博士后并不是一种学历。博士后是在博士毕业后辅助导师做研究的一种工作。很多博士毕业后会选择跟随自己的导师做研究助理。这样的助理岗位的工资由导师来支付。有的人会把自己的学历写成博士后,认为博士后比博士的学历还要高,这其实是不准确的。

有人会问,既然硕士研究生的学历这么重要,那么为什么有些硕士研究生仍然找不到工作?我们又该如何确定硕士研究生的专业方向呢?我们发现一个规律,就是要**基于自己的本科专业来选择研究生专业方向,使它们之间具有一定的专业逻辑关系。只有把两个专业背景合理地叠加起来才能利用杠杆原理放大专业学习的价值**。相反,如果两个专业彼此完全独立,比如本科学人力资源,研究生又去学哲学,这样东一榔头西一棒子的学业设计,无疑

打破了自己学业规划的逻辑性,同时也浪费了本科所积累的专业知识。当然,这并不是说哲学不应在研究生阶段学习。但对于有条件从更早的阶段开始筹划学业的人,注重自己专业之间的逻辑性,尽可能从基础性学科以及宽口学科开始逐步向应用型学科深入和细化将更符合未来职业发展的需要。

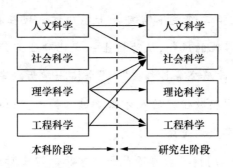

图4.7 本科专业与研究生专业方向的递进关系

　　上图为我们解释了如何根据本科的专业定位来确定自己研究生阶段的专业方向。可以说,研究生专业是本科专业的延续和发展,它们之间理应存在清晰的逻辑关系。而遵循专业选择的科学规律是学业规划的关键因素。从上图中大家会注意到,如果本科学习理学专业则研究生阶段可选择的专业方向是最多的。除了可以选择继续深入理学的学习,还可以选择社会科学或工学等应用型学科专业。如果本科学习社会科学专业的话,那么研究生阶段可选择的方向则是最少的。目前,社会科学和工程技术科学这两个应用型专业属于专业大户,几乎集中了80%以上的专业。而人文和理学这两个基础专业中的专业数量则要少得多。因为基础科学的门槛较高,相对应的研究生专业门槛就更高。基础科学的研究生更多会成为研究型人才,而非应用型人才。基础科学的硕士研究生专业中的相当一部分人会进入博士阶段,并从事更纯粹的理论或技术研究工作。

对于大多数希望获得复合型专业背景的技术型人才,硕士研究生学历将是一个关键的转折点。如果能在本科专业和硕士研究生专业之间找到更清晰的逻辑性,那么这样的专业组合才更有可能塑造出复合型的专业优势。比如本科学数学,研究生学金融;本科学哲学,研究生学管理学;或者本科学工程技术,研究生学市场营销。

除了在校期间我们会有五次对专业方向的选择机会,进入工作岗位,我们仍然有调整专业方向以及职业转型的机会(请参考"职业认知篇"中"职业的经度和纬度"一章)。我们可以很确信地说,专业命运不是一锤定音的,专业选择更不是一次赌博,它是一个理性规划的过程。或者说,没有选错的专业,只有不懂专业的人。即便真的选"错"了专业,其实也没有必要失望、沮丧,因为选错专业不一定就会入错行。把握好自己的专业命运需要长远的学业规划理念和科学的方法。只要一步一步,积极地、建设性地规划自己的专业,有一天,属于自己的职业梦想自然水到渠成。相反,期望一步到位或毕其功于一役,只能让我们做出短视的、非理性的选择。

第二节　性格与专业选择

前面我们曾经探讨过,性格与文理分科之间不存在严格的逻辑关系。而在进一步的专业选择时,性格却似乎开始在扮演越来越重要的角色。做过性格测评的同学一定对报告中关于性格和职业取向的描述印象深刻。不过,对于刚刚开始接触到性格这一理论的人,要想准确地理解性格与专业选择之间这种神秘关系其实并不容易。这里,我们以 MBTI 性格理论①为例和大家一起探讨性格与专业选择之间的关系。

【MBTI 性格理论中的两大维度、四个类型】

维度一:按照一个人收集信息的方式,我们把性格分为两类。即

　　S:实感型。注重细节,现实,有执行力。

　　N:直觉型。注重理念,抽象,有创造力。

维度二:按照一个人安排时间的方式,我们把性格再分为两类。即

　　J:系统型。注重规则,追求安全,计划性强。

　　P:弹性型。注重机会,追求自由,灵活性强。

根据 MBTI 性格理论,直觉型性格的人更善于突破性思维,他们喜欢冒险,浑身充满勇气与激情。而实感型的性格正好相反,它的最大特点是保守;这种性格的人会收集很多的资料来帮助自己

---

① MBTI 性格理论:MBTI 性格理论是以瑞士心理学家 Carl Jung(荣格)的性格理论为基础,由美国的 Katherine C Briggs 和 Isabel Briggs Myers 母女共同研制开发的。MBTI 性格测试是目前世界上应用最为广泛的性格测试之一。

做决定,更愿意吸收别人的经验,且关注细节及具体的目标。系统型的性格则善于做计划,按部就班地实施计划并善于寻找规律。不过,系统型的人有时缺乏灵活性,遇到问题容易钻牛角尖。这一点与弹性性格的人正好相反,后者容易左右摇摆,在多个目标之间变来变去,不容易下决心。可是弹性性格对环境的适应性却很强,不仅对人对事有更大的包容度,甚至还时时期待着意外的惊喜。

在四大专业类型中,由于不同专业类型对人的能力和思维习惯的要求是不一样的,因此性格与专业大类之间的确可以存在某种逻辑关系。只是这种逻辑关系至今还未经过统计方法的量化论证。

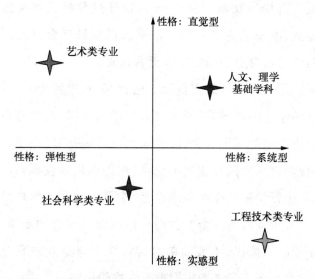

图 4.8 MBTI 两大性格维度与专业偏好之间的关系示意
特别说明:此图只是概念演示,并没有统计学依据。

人的性格是多个维度复合的。直觉型和系统型复合性格的人更偏向于从事理论研究和创新的工作,他们的抽象思维能力更强,且更愿意接受有计划的、长远的工作目标;直觉型和弹性型复合性格的人则偏向从事需要大量灵感和独立的艺术创作工作；他们更愿意成为自由职业者，按照自己的节奏和感觉做事。而实感型和系统型的性格可能趋向于从事操作性强的技术工作；他们非常细心、动手能力强且注重规则和流程，甚至有时会显得循规蹈矩。

当然，**性格对我们工作方式和职业风格的影响要远远大于它对我们专业方向的影响**。此外，性格可能还会影响到我们愿意与什么样的人交往，影响我们做选择的方式。大家或许还记得，在"职业的经度和纬度"一节，我们分析了性格与职能之间的对应关系，也谈到了典型的入错行的现象。而性格与我们所进入的行业之间却没有直接的联系。因此，**与其说通过分析性格来选择适合自己的专业，不如说通过分析性格来选择以最适合自己的方式来学习并且做适合自己的职能工作更有意义**。

如果你是一个典型的直觉型性格，抽象思维能力非常强，喜欢理论性强的学习内容，你可能非常适合学习哲学、数学等对抽象思维能力要求较高的基础科学，或者从事理论研究型（职能）的工作。不过，即便你进入新闻行业做了记者，你仍然可以发挥自己的性格优势，像一个哲学家那样犀利地思考，像一个数学家那样缜密而善于推理，你有可能成为一个有独特价值取向和理念的新闻人，被众多粉丝所追随。所以，不能简单地看待性格与专业或职业之间的关系，要学会从多个角度来挖掘自己性格的优势。

案例：

著名物理学家身上的"小"插曲

诺贝尔奖获得者、世界著名物理学家杨振宁在理论物理学领域所做出的贡献是举世瞩目的。但是很多同学可能不知道,杨振宁在刚刚进入大学物理系学习时,他的研究重点内容是实验物理,而非理论物理。可他却是一个"笨手笨脚"的人。那时,只要一听到实验室里丁零当啷的仪器掉在地上的声音,他的导师就知道肯定是杨振宁又把实验搞砸了。

  杨振宁从小数学非常好,他的抽象思维能力很强,但他的手却没有脑子那么灵巧。于是他的导师建议他转学理论物理学,这样可以充分发挥他的(性格)优势,同时回避他的不足。杨振宁接受了导师的建议。正是由于尊重了自己的性格优势,这个世界才多了一位如此出色的理论物理学家。

  特别说明:MBTI性格理论认为直觉型性格的人抽象思维能力突出,适合做理论研究,但相比来说,他们的动手能力较弱。

  一定要注意的是,不是所有的性格特点都是外显的,也并非所有的性格特点都可以被观察和测评。之前我们谈到性格是会改变的,而性格测评除了可能存在误差外,测评的结果也只能提供一个静止的观点,无法反映出我们性格的可能变化。虽然性格测评作为一种观察和评价性格的工具并不是坏事,但盲目地轻信性格测评报告,甚至依据测评结果来给自己或给他人下定论则是不可取的。如果性格测评取代了我们主动地观察和思考,甚至剥夺了我们对未来的想象与探索,那么它就失去原本的意义了。

MBTI 中四个典型性格的职业偏好

实感 + 弹性 = 天才的艺术家

"适应的现实主义者"有冒险精神,反应灵敏,在任何要求技巧性强的领域中游刃有余,常常被认为是喜欢活在危险边缘寻找刺激的人。喜欢处理大量的事情和紧急事件,解决具体问题和面对压力;为行动、冲动和享受现在而活着。约有 60% 左右"实感兼弹性"性格的人喜欢艺术、娱乐、体育和文学。

直觉 + 感性 = 理想主义者、精神领袖

这种人"热心而有洞察力",在思想上有极强的哲理性,善于言辩、充满活力、有感染力,能影响他人的价值观并鼓舞其激情;帮助别人成长和进步,具有煽动性,被称为传播者和催化剂,用"教导"的方式帮助他人。约有一半的"直觉兼感性"性格的人在教育界、文学界、宗教界、咨询界以及心理学、文学、美术和音乐等行业显示着他们的非凡成就。在令人鼓舞和和谐的环境中被认同和支持。

实感 + 系统 = 忠诚的监护人

"现实的决策者"有很强的责任心与事业心,喜欢解决问题,忠诚、按时完成任务,关注细节,强调安全、礼仪、规则、结构和服从,喜欢服务于社会需要。坚定、尊重权威和等级制度,持保守的价值观。充当着保护者、管理员、稳压器、监护人的角色。大约有 50% 左右实感兼系统性格的人为政府部门及军事部门工作,并且

显现出卓越成就。企业中层管理者中大多是这种特点的人。在美国执政过的 41 位总统中有 20 位是这种性格偏向。

直觉 + 理性 = 科学家、思想家的摇篮

"有逻辑性且机敏",天生有好奇心,喜欢梦想,有独创性、创造力、洞察力,有兴趣获得新知识,有极强的分析问题、解决问题的能力,提出高质量的新观点,关注自己的观点和成就被他们所尊重的人看重。是独立的、理性的、有能力的人。人们称直觉兼理性的人是思想家、科学家的摇篮。大多数这样性格的人喜欢科研、管理、电脑、法律、金融、工程等偏向理论性和技术性强的工作。

案例:

播音员与主持人的性格偏好

美国著名脱口秀主持人奥普拉曾经是美国历史上身价最贵的主持人。她的成功就与她的性格密不可分。当年,奥普拉在电视台所得到的第一份工作其实不是脱口秀主持,而是新闻节目的播音。但是她生性多愁善感,自己的情绪经常随着新闻内容而大起大落。有时播到伤心之处还会泪流满面。可是这样的播音风格对于新闻节目来说是不合适的。新闻播音需要的是冷静与理性。如果情绪波动过大,观众看新闻会觉得很累。于是,奥普拉被电视台辞退了。

一段时间之后,电视台准备开设一档脱口秀节目,奥

普拉又被重新邀请回来做主持人。最终奥普拉以她非凡的富于感染力的主持风格征服了观众。她成为美国历史上最成功的主持人之一，身价亿万美元。后来还创办了自己的电视台。

在很多人看来，播音员和主持人的工作似乎没有什么不一样，但从性格的角度，这两份工作所需要的性格特质的不同是非常明显的。

第三节 专业选择的决策方法

专业选择对于职业的重要意义之一就是它让我们开始学习如何去做个性化的选择。而这种个性化的选择只靠"语文是语文、数学是数学"的单一思维模式已经行不通了,它需要一个系统的、多层次的判断过程。为了帮助大家熟悉专业选择的决策过程,我们把前面提到的主要观点在这里做一个梳理。

首先,文科生和理科生在高考选报专业时将面对的选择空间是不同的。按照四个专业类型来看,文科生将在人文科学和社会科学两个专业方向上选择,而理科生则可以考虑选择理论科学、工程技术科学以及社会科学三个专业方向。四大专业类型可以作为一个很好的桥梁,把文科和理科与大学的十二个专业类别联系起来。下面两个图可以说明文理科在选报专业时都有哪些可选择的专业方向。

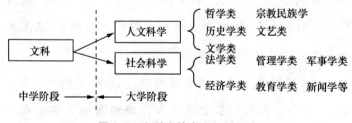

图4.9 文科生的专业规划思路

知道了自己可选择的专业方向有哪些,我们就可以缩小自己的思考范围,把自己的精力集中在更核心的问题上,即评估自己的能力、兴趣以确定下一步的专业方向。

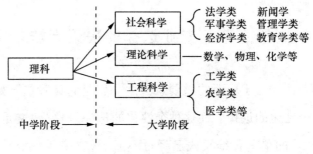

图 4.10　理科生的专业规划思路

资料分享：

大学宽口招生的政策

经过几轮大学扩招以及学校的合并重组，我国现行的高校招生目录中的专业已经超过五百个。专业划分过细是令很多同学和家长感到头疼的问题。相比之下，美国大学的主要专业方向却只有不到几十个。于是近几年，国内一些大学，如清华、北大、上海交大、复旦大学纷纷开始试行"宽口招生"制度，也叫"大类招生"。即把分得过细的专业合并，按专业大类或按院系来招生；在入校一年之后再进行专业细分。

比如上海交大实行宽口径招生后，新推出的8个专业中，有4个专业就是基于原有窄学科的基础上拓宽而成的：环境工程调整为环境科学和工程；广播电视新闻学调整为传播学；应用化学调整为化学；农林经济管理调整为经济学。

通过"宽口招生"，一流大学进一步推进"通才"教育模式。"宽口招生"比传统的按细分专业招生的方式可以给学生提供更多明确专业方向的时间。同时也在一定程度上缓解了社会对于专业方向"高考一锤定音"的质疑与诟病。不仅如此，宽口招生等一系列教学管理改革还大大提高了学生对专业的满意度。现在，清华大学、上海交大等学校的第一志愿满足率已经提高到了90%以上。

当然，不同的大学定位不同，教学理念不同，专业的设置思路也不同。比如一些以培养应用型技术人才为目标的大学，可能就不会采取宽口招生的制度。而像清华大学、复旦大学、上海交大等一流综合性大学，它们的理念是创建世界一流大学，推行精英教育。根据宽口径、厚基础的通识教育思路，在加强理论基本功训练的同时，提高专业的延展面。这样的宽口径招生及培养模式也是国际一流大学所通行的。

第一步：能力评估确定专业大方向

专业选择是一种个性化选择的过程，也是一个理性与感性相互平衡的过程。这里，**能力的评估代表理性，它是基础，决定了专业的大方向；而兴趣的分析则是感性的，它决定了专业的细分方向**。在四个专业类型之间做选择，能力的评估将起到关键的作用；在四大专业类型内再进一步选择细分专业，兴趣则可能扮演决定性的角色。因此，能力和兴趣这两个因素对于专业选择的不同阶段将发挥不同的作用,且这种关系是递进的。

专业学习所需要的能力其实包罗万象,不过,**对于专业大方向的选择来说,最关键的应该是看你更擅长理论研究(抽象思维)还是更擅长动手操作(具象思维)**。大家知道人文科学和理论科学属于基础学科,而社会科学和工程技术科学属于应用型学科。基础学科中相当一部分专业属于偏重理论学习的专业,而应用型专业中相当多的部分属于偏重技术操作的专业。**偏重理论研究的专业对人的理论研究及抽象思维能力的要求比较高,学业规划的周期也会相对更长。而偏重技术操作的应用型学科则正好相反。它对理论研究或抽象思维能力的要求相对较低,学业规划的周期也可以较短**。选择了以理论研究为重心的基础学科的人,应该把自己的学业规划周期至少延长到研究生。而以技术操作为重心的应用型学科的人则更有可能直接就业,不过起点相对较低。

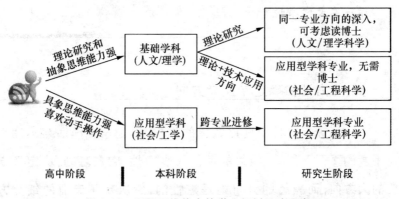

图 4.11　不同思维能力的学业规划思路示意

一个人的理论研究能力或者说抽象思维能力并不一定和成绩成正比。不过,这个看似抽象的能力其实是可以观察和测评的。

比如，我们可以观察自己是否更爱读哲学书，喜欢思辨；还是更爱读故事书，更习惯关注现实中的细节。学习成绩有时会欺骗很多聪明人。而你喜欢看什么书，你所擅长的思考方式才会真实地告诉你自己的能力所在。关于这个秘密，除了你自己没有人可以告诉你。

当然，有些人的抽象思维能力和动手操作能力都很强，或者两种能力的发展很平衡。出现这种情况，建议大家优先考虑选择基础学科方向作为自己的本科主修专业。因为**相比具象思维和动手操作能力来说，理论研究或抽象思维能力属于更重要、更稀缺的能力，它决定了一个人在未来职业中的持续的学习和创新能力。**

很多人在选择专业方向时没有首先判断专业大方向，而直接去钻研具体某一专业的内容，这是非常危险的。专业大方向是专业选择中的第一个要务。有了方向感，再逐步深入、细化，才能使决策的过程更清晰、更有逻辑。

需要特别提醒的是，人文科学和理论科学的教学对学校教学资源、师资力量的要求相比应用型学科要高得多。如果你选择了基础学科方向，那么就要选择具有一定专业传统和教学优势的有实力的大学。只有这样才能保证学习的效果，达成我们学业规划的目标。

第二步：兴趣分析确定细分专业

明确了专业大方向后，我们将面临更进一步的细分专业的选择。而这个时候，我们就要依靠自己的直觉和兴趣来发现新的灵感了。

兴趣对于人来说首先是一种本能。在每个人最初的生活体验

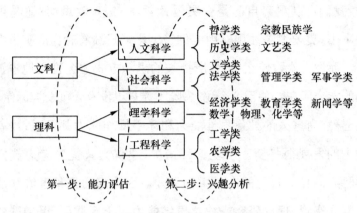

图 4.12　能力与兴趣在专业选择中的作用

中,兴趣其实主要由感性而非理性来控制。有的兴趣来了又走了,而有的则让我们欲罢不能。在本书的一开始,我们曾经讨论过人的兴趣与职业之间的差异。兴趣是不稳定的、多元的,且不依靠社会属性可独立存在。而职业则是稳定的、单一的,且必须以有一定支付能力的社会需求为前提。当我们发现某些兴趣能够保持相对稳定,且具备成为职业的前提时,你的兴趣对于专业的选择就具有了现实的意义。

当然,兴趣与职业之间的联系并非线性的、直接的。喜欢画画不一定就只能做画家,喜欢踢球也不代表只能做足球运动员,能说会道的也未必一定要做律师。事实上,兴趣与职业的关系更多的时候是间接的、发散的。如果你喜欢画画,可以考虑的专业包括美术专业、摄影、编导、建筑学、工业设计、园林设计、动画设计以及广告设计、服装设计等等,甚至还可以考虑做艺术品鉴定,或干脆做一名自由漫画师。这些都是与画画有关的专业或职业。

再比如,你有朗诵和主持的特长,你可以考虑学播音、配音、主持、表演,也可以做公关部的发言人、人事主管培训师等等。很多人不知道,朗诵和表演的天赋对于一名优秀的培训师以及高级管理者是多么的重要,许多培训师到了职业出现瓶颈的时候才去恶补主持表演课,而对于一个有天分的你则不需要这样做。

  自然,如果你喜欢唱歌,那么除了歌手,你还可以选择做一名音乐评论人,甚至可以成为一个爱唱歌的护士,一个可以在公司年会上主动为大家献歌的、有亲和力的管理者。在繁忙且看似枯燥的工作之余给自己哼个歌,享受音乐的快乐。一个爱唱歌的人不仅可以给自己带来快乐,也可以给他的工作伙伴带来快乐。同样,一个热爱足球的销售员如果在"公事公办"之余可以和客户讨论球赛和球员,那又是一种多么生动的场景,显然更有助于赢得客户。

  缺乏了兴趣的陪伴,专业只是一个冷冰冰的机器;而有了兴趣,工作才可以成为真正的生活。是兴趣让我们每一个自然人在工作中成为一个鲜活、生动的职业人。也许我们最终的专业选择在字面上不一定与我们的兴趣有非常紧密的联系,但这并不防碍我们把兴趣带进我们的专业,带进我们的职业,带进我们未来的生活。不管将来的工作在哪里,兴趣都会如影随行,与我们相知相伴。在我们身上所发散出来的热情与魅力其实都离不开我们今天的兴趣。兴趣是上天赋予职业的灵魂,我们需要尊重它,善待它。

第三步:确定专业的门槛

  前文中,我们把专业分为软门槛专业和硬门槛专业。软门槛专业也可以称为宽口专业,这类专业的培养目标不对应某一具体的职业,容易跨职业平台发展。大部分人文、理学和社会科学的专业都属于软门槛专业。软门槛专业并非是实力软,而硬门槛专业也并非实力硬。大部分工程技术学科的专业都属于硬门槛专业。

了解软门槛与硬门槛专业的意义在于,我们在选择专业时,如果选的是硬门槛专业,就需要特别谨慎思考该专业所对应的职业是否为自己可以接受或所期待的。反过来讲,对于已经有明确的职业目标的同学,则需要首选该职业所对应的硬门槛专业。例如,你希望从事考古,那么你的本科专业一定要与历史相关。如果你希望自己能成为外科医生,那么你必须去学有临床医学课程的专业。如果你想当建筑设计师,你一定进入建筑学专业而不是土木工程专业等等。可以说,硬门槛专业就是某一职业的入场券。

当然,软门槛与硬门槛是相对而言的。有些专业虽然不是硬性要求的,但却是优选的。比如你将来希望当律师,虽然非法学专业的本科生仍然可以选修法律硕士,但是要成为一个具有良好法学功底的律师,本科学习法律会非常有帮助。同样,希望从事研究性工作的人,本科和研究生的专业最好是同一个大方向上的。比如你想研究比较文学,那么你在本科最好学中文。如果将来要在经济学领域有所建树,那么本科学习数学或经济学则会给你一个更坚实的基础。

而对于大部分还没有明确具体职业目标的同学来说,建议在

本科阶段优先选择软门槛专业，而非硬门槛专业。优选基础学科，而非应用型学科。因为本科的学习是专业发展的基石，根基越厚、越扎实，将来的职业发展空间也就越大。此外，有些软门槛专业其实是"万金油"，是硬通货，未来的专业适用面非常广。比如心理学专业就是这样。有人误认为心理学是专门和精神病人打交道的。其实这是很片面的理解。心理学是研究人的心理活动和行为特点的科学，被广泛应用于几乎所有与人、与市场或者与管理相关的领域。投资分析、市场营销、企业管理、广告传媒乃至军事等各个领域其实都需要心理学的介入。在美国，几乎 2/3 的大学本科生都会学习心理学课程。而在我国，心理学知识的普及率还非常低，非医学领域的专业人才还非常匮乏。这个专业方向的发展空间应该说非常大。学习心理学的同学从事任何与人、市场相关的管理工作都可以发挥出自己的专业优势。

虽然在理论上讲，我们可以有多次专业方向选择的机会，但本科的主修专业在整个学业规划中的地位仍然是不可替代的。本科主修专业是我们专业学习的起点，也是专业学习的基本功，是辅修专业、第二学历乃至研究生专业都不可替代的。在英文中，只有大学本科专业被称为 EDUCATION，而其他的专业学习多被称为 TRAINING。这一字之差说明了本科主修专业的分量和它所蕴含的价值。

第四步：专业目录的减负

高校现行的专业目录经过十几年的扩张、调整，已经演变成一张包含了500多个专业在内的庞杂的专业体系。正因为如此，我们把大学的几百个专业归入12个专业类别，再把这12个专业类别进一步总结为四大专业类型，为的就是帮助大家去繁从简，还原专业的基本属性。

本书最后附了一张《大学专业目录快速检索表》。这张表包括了教育部有备案注册的462个专业。我尝试对这些专业做了重新的归类，并对每个专业所属的专业类型、学习方向、基础理论以及就业方向做了通俗、简明的注解。帮助大家更快地了解专业的整体结构，建立专业的横向联系。此外，我们对具有较高含金量的、适合作为本科主修方向的专业做了尝试性推荐，从而让大家能把精力集中在更重要的专业方向上。（请参考《大学主修专业推荐目录》和《大学辅修及研究生专业推荐目录》）

即便如此，许多专业名称仍然显得晦涩难懂。因此，我们这里介绍两种专业目录调整的小技巧：一是合并同类项；二是简化修饰词。这样大家可以更容易找到专业的实质，明确专业的定位。

调整技巧一：合并同类项

首先，我们可以把在理论基础、学习内容和就业的方向上具有一致性的专业进行合并。这个方法我们称之为合并同类项。

根据专业学习的内容，我们可以尝试合并以下专业，使专业选择人思路更加清晰。

举例：

计算机科学与技术	≈	软件工程	≈	计算机软件
行政管理	≈	工商管理	≈	商业经济
公共政策学	≈	城市管理	≈	公共事业管理

其实能够作为同类项被合并的专业非常多。尤其在计算机软件、计算机硬件、通讯与电子类专业、社会管理类、企业管理类、广告传媒类等专业方向都存在许多这样重复设置、可以彼此替代的专业。

不过，每个人对专业的理解和分析的角度或有不同，因此合并同类项是一个个性化的思考和分析过程，这里没有标准答案，《大学专业目录快速检索表》也不是标准答案。大家需要根据自己的理解来调整出符合自己要求的专业目录，而不是照抄别人的答案。这样做的目的是为了使我们阅读专业目录的效率更高，思路更清晰。

调整技巧二：去掉修饰词

在教育市场化之后，很多学校为了在招生时吸引学生的眼球，经常在专业名词上加入一些前缀或后缀修饰词，这些修饰词对专业的核心内容并没有实质影响，所以，我们也可以称之为虚词。这些词包含了非常多的流行元素，比如"国际"、"对外"、"管理"、"应用"等。

举例：

　　国际贸易专业：学的就是贸易。贸易和国际贸易没有实质的区别。也不存在属于国际贸易的单独的理论体系。之所以出现国际贸易这个专业，完全是由于我国改革开放初期国际贸易的行业管制所造成的。而"国际"这个修饰词所隐含的国际性，更多地取决于从业者的外语水平和国际视野。在全球市场一体化的今天，贸易和国际贸易早就重新走到了一起。同样的道理，"国际金融"等于"金融"专业。

信息系统管理：学的是计算机软件。这里的"管理"一词其实也是虚的。因为所有的工作其实都含有管理的内容，只是管理的对象不同罢了。信息系统管理所管理的是信息，是通过软件实现管理目标。因此，信息系统的管理并非有人所理解的"管理"。有很多带"管理"后缀的专业名也会给人以同样的误导。

对外汉语：就是使用外语作为教学语言教外国人学中文。外语在这里只是工具。对外汉语学的既不是中文，也不是外语，更不是教育学。对外汉语没有任何相对应的专业理论体系，应该说它只能算是一门技能培训课。严格来说，不符合大学本科专业的标准。同样的情况还发生在多媒体制作等专业上，都偏向技能培训课。这些专业只能培养技术工人，完全不符合作为大学主修专业的要求。

对大学专业目录的技术调整其实就是一个去伪存真的过程。

它反映出我们对专业理解的深度,更帮助我们逐步剔除掉可能会干扰我们决策的非关键因素,使我们的视线能够聚焦到对我们更有意义的专业目标上。

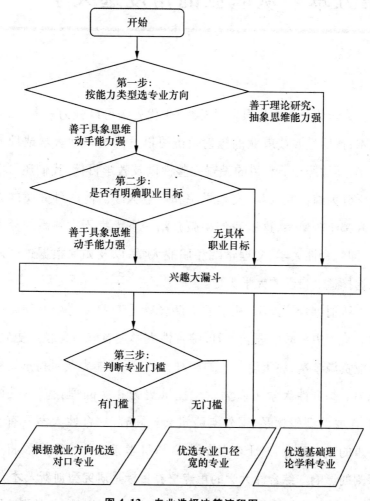

图 4.13 专业选择决策流程图

第五章 从职业的角度选大学

大学的分类方法很多,按照招生优先级可以分为一本、二本和三本;按照生源或就业的辐射范围可以分为全国性大学或地方性大学;而按照专业科目的设置完整性以及教学目标,我们还可以把大学分为综合性大学、文理学院和职业大学。前两种分类的方式大家都比较熟悉,这里我们稍微介绍一下大家不太熟悉的分类思路,即综合性大学、文理学院和职业大学,以及如何根据这个思路来选择适合自己的大学类型。

所谓综合性大学,从字面上解释就是专业设置相对完整的大学。从历史和教学理念上看,综合性大学还意味着建校历史较长,专业资源丰富,注重培养人的精神价值、学习能力及可持续发展的能力。综合性大学可以为学生提供更为扎实的理论基本功的训练、丰富的课程体系、课外实践机会。同时,综合性大学具有文理并重的教学理念,对于学生的人文与科学素养的平衡发展将产生深刻的影响。综合性大学的重点培养目标是**研究型创新人才**。

文理学院(liberal arts college)原指美国高校的一种类型。区别于各种专业学校或技术高校,文理学院通常以本科教育为主,特征是注重全面综合教育,设置课程包括艺术、人文、自然科学、社会科学等各门类。在很多美国人看来,文理学院往往代表着经典、小规模、高质量的本科教育。

在我国,遵循传统、经典的教育理念的高等学府已寥寥无几。统一的教学大纲,统一的教学管理模式让我们的大学生失去了对个性的追求空间。因此,我们这里所说的文理学院是指那些从规模上、教学资源上达不到综合性大学的标准、在学科设置和教学资源的建设上偏重于某一个或某两个专业类型的大学。这样的大学其实很多,比如北京邮电大学、北京林业大学、北京语言大学、首都经贸大学等。由于受前苏联办学思路的影响,很多大学只着重建立并发展符合某一行业或某一领域技术要求的人才,而没有建立完整的、文理并重的专业体系,因此,它们的综合专业资源相对薄弱。文理学院通常或偏重理工科,或偏重社会科学,而在人文科学以及部分基础学科的建设上一直止步不前或发展缓慢。正是由于文理学院的"偏科"导致学校无法推行真正意义上的通识教育。**文理学院所培养的人才多为应用型管理人才**。不过,对于相当一部分学业规划止步于本科教育的同学来说,文理学院仍然不失为一个好的选择。

这里所说的职业大学并非大专或高职,而是指那些介于文理学院和大专之间,专业分布比文理学院更窄,专业理论研究能力更加薄弱的本科学校。**职业大学的主要培养目标是应用型技术人才**。多数职业大学的学生毕业后不会再考研究生,在校研究生人数也比较少。职业大学的设置对于解决本科教育的普及具有一定的历史意义,尤其是在教育资源相对匮乏的二三线城市,职业大学仍然存在相当的市场需求。

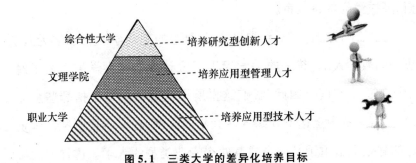

图5.1 三类大学的差异化培养目标

综合性大学的三个标准

标准一：基础学科（人文和理论科学）实力雄厚

综合性大学在基础学科，即人文科学和理论科学的研究能力及教学优势方面是其他两类大学所不能比的。由于基础学科的建设不像应用型学科那样快，它们通常需要十几年、甚至几十年的积累才能逐步建设到位。因此，综合性大学通常可追溯的历史较长。从这个角度讲，前几年通过合并重组出来的一些所谓综合性大学，其实还不能算是真正意义上的综合性大学。有的大学不仅人文科学和理论科学等基础学科专业非常少，且真正开始走上综合性大学的道路可能只有几年的时间。大家可以分析一下各大学所申请的国家级、省级、市级重点建设学科，便可以一目了然地看出哪些学校在基础学科上具有优势。

有人会问，如果自己选的就是应用型学科，比如管理、工程技术，那么到综合性大学去学习还有必要吗？当然有必要。即便学的是应用型技术专业，综合性大学与其他类型的大学相比，也可以为学生提供更扎实的理论基本功训练,以及独一无二的研究型教学环境和更丰富和宽阔的专业视野。综合性大学的选修课体系更加完善,进修研究生的机会也更大。同样是电子工程专业,具有良好物理学教研基础的综合性大学一定比偏重在工科的文理学院要强得多。而同样是金融学专业,具有更扎实的数学和经济学教学研究资源的综合性大学也会远远强于经贸类文理学院的同名专业。

标准二:专业结构完整,专业资源相对平衡

综合性大学的专业结构相对完整,专业分布涵盖四大专业类型,即人文科学、社会科学、理论科学和工程技术科学,且文理相对平衡。当然,这种平衡不是简单的专业数量的平衡,而是研究和教学资源的重心相对平衡。

正是由于综合性大学的专业资源的平衡与完整,它才具备了实行宽口招生以及推行通才教育的可能。而专业资源相对匮乏的学校,为了把自己也"武装"成综合性大学,只能不断地把专业细分,生硬地制造出庞大的专业体系,以提高招生的人数。因此,专业结构的完整和专业资源的平衡是一个相对的概念。仅看大学专业数和招生人数并不能反映出一个学校的真正专业实力。

标准三:研究生比例

综合性大学以培养具有研究型创新人才为使命,所以在本科阶段更强调通才教育,重视基础学科的建设与教学,并会为更多的学生提供进一步深造的机会。因此,综合性大学的研究生比例,尤其是本校升研的比例都是非常高的。比如在清华大学,本科生有一半以上会直接保研,考入本校或外校的研究生占本科毕业生人数的 70% 以上。很多综合性大学的研究生人数几乎等同或超过了本科生的人数。因此我们说,研究生的人数和比例可以直接体现一个大学理论研究和教学的实力。

对于有条件进入综合性大学学习的学生来说,将硕士研究生提前纳入自己的学业规划将是一个明智之举。不过,除非那些准备从事基础理论和技术研究的同学,我仍然建议大家不要盲目跟风去读博士研究生。

讨论:

综合性大学的专业对口问题

根据大学毕业生的专业对口率统计,很多综合性大学的专业对口率并没有比其他大学更好,这让很多人感到困惑,甚至有的人开始嘲笑综合性大学的教学质量。其实,这同样也属于对专业对口率的误读。

综合性大学注重通才教育理念,注重学生的综合素养和学习能力,而非某一专业技能。专业对口率与通才教育的理念是相矛盾的。此外,综合性大学中有更多的学生选择读研,而研究生作为复合型人才很难有效地统计他的专业对口率。前面讲到,基础科学专业大多属于宽口专业,可更容易实现跨平台就业。这应该是值得我们提倡的。如果我们用狭义的专业对口率来衡量专业教学的质量,其实就好比我们把大学也放在了流水线上,并使用一种粗糙而畸形的模子来定义所有的产品一样。这样的观点对于我们真正认识和发挥综合性大学的优势是非常不利的。

当然,无论是综合性大学、文理学院或是职业大学,它们之间的界线其实并不会那么泾渭分明,也不是非黑既白的。在这里,我们并不想来给大家一个简单的答案,告诉大家谁是真正的综合性大学,而谁又是文理学院。更不会做一个大学排行榜来替代大家自己的思考和判断。这一大学分类标准的提出仅仅是为了帮助我们更好地理解不同的大学在培养目标、教育理念以及教学资源上的差异,大家可以结合自己的标准,选择最适合自己的大学。

选择大学要避免的几个误区

误区一:不要被成绩所局限

选择大学不能只看分数。尤其在大学定位阶段,我们需要放宽视野,跳出高考思维的局限,摆脱成绩和分数的束缚,从学业规划的角度去选择大学。学习成绩拔尖的同学不应只看好的大学,也需要了解文理学院。而学习成绩不好的同学更需要去分析那些自己在分数上可能够不着的大学。所谓知己知彼,百战不殆。正视大学之间的差距,才能理性、客观地进行学业规划。

专业选择虽然是一个科学的决策过程,但高考中却存在很多的偶然性因素是我们难以预料的。通常,高考中发挥失常或发挥超常的比例比很多人预想的要大,20分左右的差距对于高考来说是正常的误差,但对于高考的结果却是天壤之别。因此,既要考虑自己的目标和能力,又要考虑自己成绩的波动性以及外围因素的风险,为自己准备多套预案是必要的。

误区二:不要认为只要上了好大学,就什么都有了

好大学对我们到底意味着什么?是荣誉、是幸运、是夸奖和羡慕,还是机会、资源和梦想?这些是不同层次的理解。有些是感性层面的,因此是短暂的、表面的,而有些则是理性层面的,因此是可持续的、有内涵的。

不过,一所好的大学所预示的机会、资源和梦想,真的可以随着我们踏入校门而理所应当地属于我们吗?显然不会。俗话说,师傅领进门,修行在个人。勤奋、钻研和毅力决定了我们是否能够把握和利用好身边的资源。相反,如果我们上了大学就开始逃课、在宿舍里睡觉、上网打游戏、谈恋爱,那么即便进了最好的大学,恐怕也没有意义。目前,清华大学、北京大学等国内一流大学每年都会有学生被淘汰或被劝退,但比例与国外一些名牌大学高达30%的淘汰率相较仍然是小巫见大巫了。

误区三:不要被录取分数所蒙蔽

大学录取分数线其实只能反映出专业申请人数和招生人数之间的供求关系。招生名额分配过少,所谓的"热门"专业申请过于集中等因素都会影响到录取分数。如果只是个别现象,录取分数并不能直接证明某个专业或某个学校的教学质量,更不能证明这个专业、学校一定就适合自己。录取分数有很多的随机性,尤其是在招生名额较少的地区,录取分的波动更加明显。有人也称之为高考的"大、小年"。如果大家可以报考与所谓的热门专业具有相同就业方向和培养目标的其他(冷门)专业,那么完全有可能比同伴少花 10—20 分而进入同一所大学,以及同等、甚至是更好的专业。

误区四:不能只要专业,不论学校

专业和学校哪个更重要,这是一个争论不休却始终找不到标准答案的问题。其实,专业和学校都可能很重要,关键看是什么专业,什么学校。泛泛地说,好学校里不一定都是好专业,但不好的学校里的确很难找到真正好的专业。尤其是选择人文或理论学科等基础学科的同学来说,选择一所好大学尤为重要。

我以为,确定专业大方向远远比选择学校要重要得多。如果选好了自己的专业方向,就可以看淡一些专业之间的细微区别,把选择学校提到更重要的位置上。关于学校的好与坏,大家可以参考目前主流机构所做的大学专业排名。不过,由于这些大学排名的评分标准不太透明,我们姑且只能做个参考。总的来说,排名相近的 3—5 所学校基本可以算是同一档次的,没有必要非得分个你优我劣。但不同档次的学校,则大有不同。

误区五:不可以随便"服从专业调剂"

正因为有人认为好大学胜过好专业,所以只要是好学校一律服从专业调剂。虽然好的大学所代表的机会和资源更多,但我们仍然需要对服从调剂有一个科学、理性的认识。不能盲目服从专业调剂。

对于专业结构相对单一、专业类型相对集中的大学,比如一些文理学院,或者还有一些大学可以承诺在同一院系之内进行专业调剂,这时,服从专业调剂的风险是较小的。然而,对于专业分散度比较高且不能承诺在同一院系内进行专业调剂的学校,专业调剂的风险就比较大了,大家需要慎重对待。比如,有的大学两大优势专业大类分别为工科和商科。于是,有些报了工科的同学就有可能被调剂到商科,这样的调剂跨度太大,大家不容易接受。所谓差之毫厘,失之千里。如果服从专业调剂有可能改变我们的专业大方向,那么这样的调剂就要慎重对待。

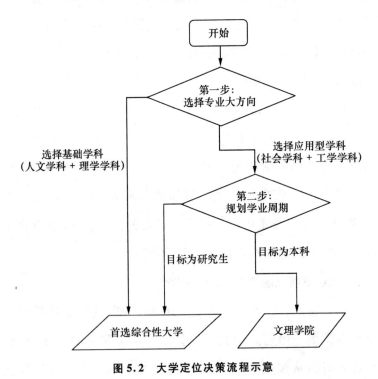

图 5.2　大学定位决策流程示意

表5.1　大学调研大纲参考

问1:学校成立"大学"在哪年?它的前身是什么?从而判断该大学的定位为综合性大学还是偏重文或理科的文理学院,或职业大学。

问2:学校四大专业类型所占的比例是多少?理论研究的重心在哪里?

问3:学校研究生的比例和人数?本校本科生考研的比例是多少?研究生人数在四大专业类型之间的比例分布?

问4:本校各级重点建设学科都有哪些?在四大专业类型间的分布?

问5:学校都有哪些专业实行宽口招生?

问6:专业调剂是否在同一院系内进行,否则,调剂跨度可能有多大?

问7:转专业的申请是在什么时间,申请比例以及条件限制是怎样的。转专业的可选择专业与辅修和第二学历的可申请专业是否有重复。

问8:辅修或第二学历都开设什么专业?申请人数和比例是多少?

问9:本校/专业国际生的学生比例是多少?国际交流项目有哪些?

问10:本专业出国留学的比例是多少?目标专业留学的主修方向?

专业解读篇

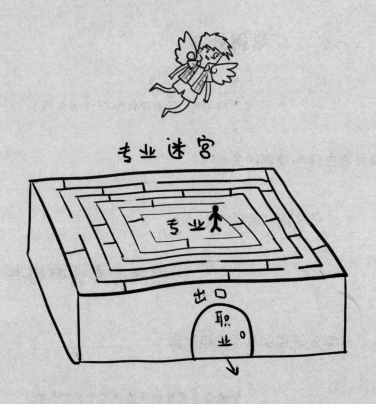

大学专业有水分吗？

哪些是更值得学的专业？

什么是复合型专业？

怎么才能学得好？

可以把500个专业简化为35个专业吗？

如何处理主修和辅修的关系？

到底什么专业好就业？

相同的专业有哪些？

对专业都有什么误解和盲点？

辅修专业究竟值不值得学？该怎么学？

引言

主修专业如何选

　　顶着高考的压力,在青春期的躁动中煎熬,大学似乎成了一切"苦难"的彼岸!然而,大学不是终点而是起点。它不仅意味着你将有机会获得一个本科的学历,它还意味着从此将可以以一个专业人自居,意味着一个职业生命的起点。我们到底应该如何把握好这个起点呢?四年,一个可以自由憧憬的时间,到底什么样的专业才能让我们不会辜负自己的大学之梦?什么样的专业才值得我们倾心付出呢?

　　今天的大学专业目录已经包括了将近500个专业。面对那厚厚的、挤满了密密麻麻的数字和拗口专业名词的专业说明,不要说是埋头读书的高中生、每天忙忙碌碌的家长,甚至连大学教授和在职场打拼多年的人都会对此愁眉不展。一些专业其实内容雷同却起了不一样的名字,如汉语言文学、汉语言和中国语言文化;或者相同的专业由于各种历史原因被分到了完全不同的专业类别中,比如环境科学和环境科学与工程;一些专业的名字从表面上看既不知道它学的是什么，也不容易猜出将来可以做什么，比如系统理论、工业工程；专业之间逻辑性不强，层次不清，更不知道哪个是主脉，哪个是分支，特别是在工程技术科学类专业中存在大量专业面过窄，或彼此可互相替代的专业；而在社会科学类专业中却有越来越多听起来很流行，能够让人热血沸腾的专业，但其实可能并不适合没有工作经验的学生学习。不夸张地说，目前所使用的大学专业目录的确让人有主次不明，逻辑不清，甚至良莠不齐的感觉。

从1999年大学扩招以来，人为催生出了很多新的专业。这些专业到底哪些值得学，该怎么学；哪些可以作为主修专业来学，哪些可以作为辅修专业，这一系列的问题如果不能解决，无疑将成为困扰学生乃至家长的心病。

在"学业规划篇"中，我们探讨了大学专业分类的方法、专业间的逻辑关系以及专业间相互转化的规律。当我们把这些零碎的知识拼接成一个完整的图片时，我们发现了选择大学主修专业的三个标准。我们依据这个标准整理出了《大学专业目录快速索引表》（附录六），以及《大学主修专业推荐目录》（附录三）和《大学辅修及研究生专业推荐目录》（附录四）。

选择标准一：首选具备独立、完整、系统的理论体系的专业

大学是专业学习的起点。理想的大学主修专业应该具有尽可能宽的延展性，并可以为逐步深入的专业学习提供坚实的基础。所以大学主修专业应首先具备相对独立、完整、系统的理论体系。一些传统的基础型专业多属于这一类，比如数学、地球物理、计算机科学、哲学、中文、心理学、建筑学等。反之，尤其是那些类似于技能培训的专业,显然不适合作为大学的主修专业。

大学的专业学习仍然属于教育的范畴,而非培训,并非有人说的"大学就是学一门用来吃饭的技术"。所谓教育,英文 EDUCATION,其本质是思想理念的输入和能力的培养。一个好的教育,可以改变人的思维方式、行为习惯及提升人的能力。而培训,英文 TRAINING,其本质是信息的输入和技能的训练。培训的目标着重短期,培训所获得的知识通常更新速度快且不容易持续。这就是为什么一些大学生总感觉自己所学的知识一毕业就会过时,其原因就是他们所学到的仅仅是一门技术,而非理论和能力。只有扎实的理论学习才能使我们获得专业思维能力,这样的能力才是可持续的、可复制的且长久的。

大学的专业学习之所以可以称之为教育,就是因为它可以提供比技术培训更完善、更扎实的理论基本功。而那些缺少独立、完整、系统的理论体系的专业其实并不具备大学教育的价值。现在相当多新设立的细分专业并不具备这样的理论体系。这些专业或者是在传统专业基础之上做了技术性的微调,或者根本就是多项技能训练课的组合,其理论学习所占的比重非常有限。

教材的意义:

有人会误解,以为只要有教材就代表这个专业是有一定理论水平的。其实,这种理解不准确。

教材仅仅是一种书面的、标准化的教学工具。且不说标准化教材所导致的教学形式的僵化和学生创造力降低的负面作用,仅凭教材这一形式并不能说明教学内容的深度,更不能证明其理论体系的水平。标准化教材仅仅是用来满足大众化、普及性教学的需要而准备的一个工具而已。

我们很难在此武断地给某个专业或者某本教材下结论。但一个专业是否具有独立、完整、系统的理论体系,我们其实可以通过了解这个专业的历史,相关专家的数量和水平,相关理论著作的数量和深度,以及相关科学期刊的评述等加以判断。

事实上,作为教育改革进一步深化的重要环节,我们的确需要"多出著作,少编教材"!而大学生的专业学习,也应该多看著作,少用教材。

人无远虑,必有近忧。轻视甚至藐视理论学习的后果是我们会时刻焦虑自己所学的知识会过时,会担心自己的专业不能对口。当我们大学毕业的时候,除了手中的文凭,如果我们不知道自己比每天都在工作中接受技术培训的人到底多了什么优势,那么我们真的要问一下自己:"为什么要上大学"了。

引表1　技术培训与理论学习的差异

	技术培训	理论学习
学习方向	只针对具体行业、岗位,适用面窄	可延展,适用面宽
学习效率	生命周期短、淘汰率高、容易被替代	生命周期长、可持续性强
学习目标	培养技术操作的能力	培养研究和创新的能力
学习方法	大量重复性练习,注重技巧学习	大量思考和实验,注重方法学习

大学专业如果可以有更加独立、完整、系统的理论体系,并且在教学中重视理论教学,那么它将会为我们一生的职业思维和专业能力奠定扎实的基础。而那些只侧重某一行业、某一岗位甚至某一产品技能训练的专业则只适合作为辅修专业,甚至在需要用的时候再自学就可以了。

选择标准二:首选宽口专业

对于大多数还未明确职业目标的学生,更应选择宽口专业,为自己争取到更多的时间来做选择。所谓宽口专业就是专业知识的适用面宽,能够跨行业、跨岗位适用的专业。也有人把宽口专业归为"万金油"专业(见下图)。

宽口专业很多。多数基础科学(人文科学和理论科学)中的专业基本上都属于宽口专业,如中文、哲学、数学、物理、生物、化学等。当然,所谓宽是相对的,即便是应用型学科(社会科学和工程技术科学),也可以找到口径相对宽的专业,如社会学、市场营销、政治经济学、机械电子等。

在美国,一些大学本科中不设立医学专业。那些希望学医的

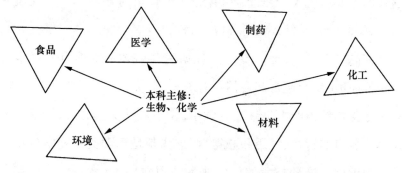

引图1 主修生物或化学专业的宽口发展空间

学生在本科阶段将主要学习生物和化学两门基础课程。学生到了快毕业的时候再决定是向医学方向发展，还是转向生物技术、制药或化工方向。因为生物和化学这两个宽口专业不仅是医学的基础课程，而且也是很多其他专业的基础课程。想一想，国内的学生在进入大学之前就必须决定自己是不是学医，而美国的大学生在本科所学的专业课程的适用性更宽，因此，美国大学生未来的职业空间也更大。

选择标准三：首选不依赖社会经验学习的专业

社会科学中的一些专业对学生社会经验的宽度和深度要求非常高。学生学习的重要素材来源于自己和同学的生活经验和职业经历，而并非来自生硬的书本知识或校园生活经验。现在非常热门的工商企业管理、人力资源管理以及各类行业管理类专业就属于这类。这些偏重管理的专业，要求学生对职业、行业环境等现实问题不仅要有丰富的想象力，更要有深刻的直接经验，这样才能确保良好的学习结果。对于没有社会经验、缺乏职业经历的人来说，这样的专业课无异于纸上谈兵，对培养真正的管理能力不仅没有帮助，反而会容易使人变得浮躁、功利。

在国外，很多管理类专业只在研究生院才有。而世界顶级商学院的MBA专业通常都会招收有3—5年以上工作经验的职业人。有一定工作经验的学生聚在课堂中，除了可以交换名片，更可以分享他们各自的背景、经历和心得，而这些都是管理类专业学生重要的学习素材。这种与我们已经熟悉的国内只重课堂学习、只重老师对学生单向传授，而忽视学伴之间的相互分享的教学思路形成了鲜明的反差。

再拿近几年很热的人力资源管理专业来说，缺乏工作经验的本科生其实很难真正理解企业环境下的人力资源管理问题，无法想象各种没有写进书本的知识还会有哪些。因此，人力资源变成了学习处理各种人事文档，学习用电脑制作各种组织架构图等技术，并不会在学习中提出正确的问题。而这些浅显的专业技能或知识其实根本不必在大学学习，这样的学习很难让科班毕业的本科生真正获得专业优势，也因此造成人力资源管理专业始终处于招生热、就业冷的尴尬局面中。

以上三个大学主修专业的标准可以为我们快速勾勒出一个"好"专业的样子。当然，这只是框架，它的细节还需要每个人亲手来绘制。一个好专业，尤其是一个好的大学主修专业将给我们一个更高的专业起点。而那些不具备独立、完整、系统的理论体系的专业，专业面过窄的专业（已有明确职业目标者除外），或者非常依赖社会或职业经验来学习的专业其实就是我们需要从现有专业目录中挤掉的"水分"。

大学主修专业的选择应该看长十年，甚至二十年！如果思路过窄，或者只凭眼前的兴趣来选择专业而忽略专业选择的科学性，不仅会浪费自己宝贵的时间，反而会把我们的职业带入泥潭，始终疲于奔命。

辅修专业如何学

辅修专业或第二学历制度的设计初衷原本是为了丰富大学生的学习内容，拓宽专业的宽度，而目前却一点点沦为"食之无味，弃之可惜"的鸡肋。这并非是因为我们当初的想法错了，而是因为我们没有想清楚该如何学习辅修或第二专业，没有处理好它们与大学主修专业之间的关系，并为它们在整个学业规划中找到合适的位置。目前，在辅修及第二学历如何学的问题上大家经常会遇到以下问题。

首先，不要为了拿文凭而学辅修或第二专业。

辅修也好，第二学历也罢，从专业的设置和教学资源的投入来看，其学历的含金量比起我们的主修专业来说其实完全不在一个档次。在"学业规划篇"中我们讨论过，目前所开设的辅修或第二学历专业多数属于应用型学科，集中在计算机软件、法律、金融、英语以及各种管理类专业。不仅可选择的范围小，且由于所投入的课时和师资有限，轻理论教学，重技术训练。而主修专业中最有价值的教学资源，如社会实践、研究性课题等内容在辅修或第二学历的学习中将大大缩水。此外，辅修或第二学历的教学管理相对松散，学生来自各个专业院系，同学间缺乏紧密的联系与交流，也因此很难最终形成有意义的职业人脉资源。

即便价值打了折扣，要拿到辅修或第二学历的证书也并非易事。完成全部课程所需要投入的精力可能会相当于主修专业的

1/2 到 2/3 左右。并非有些人想象的"随便学一学就能搞定"。不仅如此,在大学二年级大家需要准备英语四六级考试,到了大三有的还需要开始准备考研,希望留学的人还需要准备更多内容,这些都会与辅修或第二学历的学习发生冲突。有的学校为了不影响大家实习、找工作,不得不在大二或大三的寒暑假加班加点上课,无形中挤占同学们假期的私人生活和社会实践时间。正因为如此,不得不在中途放弃辅修或第二学历学习的现象已呈现上升趋势。

其次,选择性自学可提高辅修课程的学习效率。

学习的理想状态是学习自己需要且真正感兴趣的东西。时间和心态都能做到从容、自如。对于具备一定自学能力的大学生来说,在完成主修专业中所有的必须课程之余,我们完全可以选择性地自学部分自己感兴趣的辅修或第二学历课程。当我们卸下文凭和学历的包袱,辅修或第二学历的学习才能真正实现最初设计者的理想,为学生自学"加一道美餐"。

在每一张文凭的背后,其实都藏着一个被打包的课程"套餐"。如果用"二八定律"来说,每个课程套餐中可能会有 20% 的内容是你原本感兴趣或认为应该学的,而 80% 的内容是你原本不需要或不感兴趣,却为了获得文凭而不得不学的。为了吞下这个批发来的课程套餐,我们不仅失去了自由选择的权利,更再一次陷入"为别人学习"的尴尬境地。

自学的最大好处在于你可以灵活地支配自己的时间,灵活地定义自己学习的深度,不至于被课时、作业、考试赶着往前走。更为重要的是，你必须要静下心来想一想自己该学什么，不该学什么，如何分配自己的时间，如何安排好自己的生活。而一旦我们的选择权被剥夺，只学学校安排学习的知识时，我们将永远不用思考自己为什么学，永远都不用学习如何"取舍"。而这些都是国内学生缺失最严重的职业能力，这一能力其实胜过 100 本文凭。

对于即将选择辅修或第二学历的同学，一定要把握好人生难得的自学机会。对于已经选择了辅修或第二专业的学生，你不必面对排满的课表发愁，更不必在主修、辅修、考研和实习之间左右为难。学习在于选择，人生也在于选择。有的时候，做减法比做加法更难、更有意义。这需要智慧，还有勇气！

辅修学习策略：

自学为上策，应试为下策；
时间自由量，深浅自由度；
主次且分明，随心见章法。

引言 161

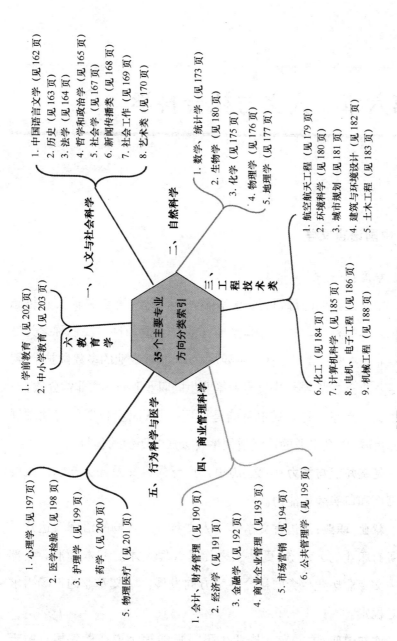

引图2　35个主要专业方向分类索引

第六章 人文与社会科学

1. 中国语言文学

难度:☆☆☆

中文是我们的母语,汉语言文学是研究汉语言逻辑及其思想文化内涵的科学。它具有非常广泛的专业适用性。我们称之为宽口专业。不像计算机专业的主要从事 IT,护理专业的多数做护士,财务专业的会去当会计,中文专业毕业生的职业取向其实非常分散。

这一点在有的人眼中可能是问题,但从职业长期可持续发展的角度看,中文专业的广泛适用性将会成为明显的优势。

基础知识与能力:中文、历史及广泛的人文及社会知识。流畅的书面和口头表达能力。

就业,职业:汉语言文学属于人文科学。顺畅的语言表达几乎是所有职业的入场券,更是未来优秀管理人才的基本标准。大部分中文专业毕业生会向社会科学方向发展。中文专业的市场需求相对稳定。

你知道吗:中文专业毕业生不是只能写小说或做编辑。由于他们的语言沟通与人际交往能力更出色,未来进入中高层管理岗位的机会其实相对其他专业要高得多。而中文的专业能力是很难在工作中培养或训练出来的。

表 6.1 中国语言文学主要细分专业

	学科门类：中国语言文学类
050101	汉语言文学
050102	汉语言
050106	中国语言文化
050104	中国少数民族语言文学
050105	古典文献
050107	应用语言学

2. 历史

难度：☆☆☆☆

历史专业是研究人类社会各个方面发展规律的社会科学。历史学通过研究各种尚存于世的档案和文件、报纸、杂志及影像资料等,分析和解释过去各时期历史事件的前因后果以及人类对过去经验的取舍。历史的严谨、客观反映了人类对自己的尊重,而对历史的反思与演绎又成为人类思想和情感表达的源泉,因此有人说,历史一半是科学一半是艺术。历史专业要求学生具备较强的阅读和批判性思维及写作能力。在国外,历史专业是进一步学习法学的重要通道。

基础知识与能力：中文、哲学、广泛的人文和社会知识；分析能力、阅读能力、记忆能力以及写作和语言表达能力。

就业,职业：除了历史研究和教学外,相当一部分毕业生在从事编辑、高级文秘、档案管理、考古和文物保护等工作。历史专业属于基础人文科学。因此，虽然毕业生的专业优势可能需要一个相对长的时间才能展现出来，但由于基本功扎实，他们在社会科学，尤其是管理科学的方向上发展的空间较大。

你知道吗：学历史不一定只能做历史研究。在美国，历史专业成为攻读法学院和商学院最好的预备专业之一。

表 6.2　历史学主要细分专业

	学科门类：历史学类
060101	历史学
060102	世界历史
060103	考古学
060104	博物馆学
060106	文物保护技术
080707	历史建筑保护工程

3. 法学

难度：☆☆☆☆

法学专业是研究法律理论、法律程序并学习运用相关知识提供法律服务的社会科学。在美国，大学本科没有法律或法学专业，相反在大学有专门的法律助理或法律预科类专业，它们不是为了培养律师而设的专业，而主要是培养学生成为法律方面的助理人员，使学生具有参与法律工作的知识和能力。包括资料的检索、法律文件的起草、案件的调查、文件证据的搜集保管和其他管理工作，能在律师或法院主管人员的指导下工作。在美国，大学本科的学习更多地只是培养法律助理，而专业律师则需要硕士以上的学历，甚至是博士。在我国，虽然没有所谓法律助理专业，但除了那些具备较深法学理论研究实力的传统政法学院,很多新设立的法律本科专业的教学水平其实更准确的定位是培养法律助理,而非专业律师。

基础知识与能力:中文、历史,广泛的人文和社会科学常识;认真细致,思辨能力、记忆能力与人交流的能力等。

就业,职业:因为律师的职业周期比较长,除了在一些新兴领域,如专利律师、国际法律师等领域外,市场对新律师的需求其实增长并不会太快。相反,对法律助理和具备法律常识的机构内部合规人员(compliance)、检察官等本科毕业生的需求却会持续增长。此外,法学可以给人严谨的逻辑思维训练和独特的社会观察视角,因此很多从事社会问题研究的学者都是法学专业出身。

你知道吗:学法律不一定能当律师,而具有法律常识的复合型人才会很急缺,这一点,在中国和美国都是一样的。

表6.3 法学主要细分专业

	学科门类:法学类
030101	法学
030103	知识产权
030120	监狱学

4. 哲学和政治学

难度:☆☆☆☆

哲学是研究世界观和方法论的科学,是以探索世界的本源、本质、共性或绝对、终极的形而上者为根底,以认识和改造世界的方法论为研究内容的科学。因此,哲学又被称为科学的科学,它是所有人文及社会学科的基础。学习哲学是对人类思想、理念、信仰、价值观等核心问题的继承和再创造的过程。它对于人的抽象思维能力、批判性思维能力是一种非常好的训练。

国外有的大学将政治学细化为政治哲学与原理、政府学、比较政治学(各国)以及国际关系4个子专业。政治学研究不同的政治体制、政治行为及其背后的文化、经济等因素。哲学和政治学属于宽口专业,并非一项专业技能,但他们却可以给人更宽的视野、更广博的胸襟。

基础知识与能力:哲学、中文、历史;严谨的逻辑思维、广博的人文和社会知识;表达能力,领导能力。

就业,职业:市场需求很广,50%以上的毕业生到公司工作,有的成为企业管理人员、政府工作人员、外交官、公务员、作家、编辑和公关人员。起薪不高,但提升较快。

你知道吗:哲学和政治学并不等于搞政治,更不等于马列主义。学哲学或学政治学的学生也不一定要从事政治活动或在政府部门工作。

表6.4 哲学和政治学主要细分专业

	学科门类:哲学类
010101	哲学
010102	逻辑学
010103	宗教学
010104	伦理学
	学科门类:政治学类
030401	政治学与行政学
030200	马克思主义理论类

(续表)

	学科门类:政治学类
030201	科学社会主义与国际共产主义运动
030202	中国革命史与共产党党史
030404	思想政治教育
030402	国际政治
030403	外交学
030405	国际文化交流
030406	国际政治经济学
030407	国际事务

5. 社会学

难度:☆☆☆

社会学是从社会整体出发,通过社会关系和社会行为来研究社会的结构、功能、发生、发展规律的综合性学科。社会学讨论社会结构、人与人的关系、人与社会的关系、各种群体中人的行为以及各种群体的形成和作用,进而探索社会问题和公共政策。如家庭关系、种族、性别、阶层之间的关系。社会学涉及的范围可能广至政治、经济、心理、法律、健康、文化、艺术等多个领域。统计学是社会学研究的重要工具。

基础知识与能力:中文、历史、数学及扎实的人文及社会知识;分析能力,书面及口头表达能力。

就业,职业:市场需求量不少,分散度较大,增长慢。主要就业去向依次为商业公司、教育、政府部门,职业分布为各类管理人员,社会工作者,教师,公司的市场、广告、销售、消费者心理研究人员,司法、城市规划、环保等部门的人员。

你知道吗:社会学需要很强的统计学知识和比较复杂的研究方法。例如,信息搜集,高质量的访谈、分析,统计工具的使用,结论的解释论证等。

表 6.5 社会学主要细分专业

	学科门类:社会学类
030301	社会学
030304	人类学
060105	民族学
030305	女性学

6. 新闻传播类

难度:☆ ☆ ☆

新闻专业学习如何寻找信息,并通过写作、演讲、图片和活动等形式将获得的信息通过各种不同的媒介进行有效地传播。学习的内容包括在报纸、电台、电视台、网站和广告、公关等领域工作所必要的技能,如新闻报道技术,新闻的撰写,新闻摄影,专题报道,相关法律、媒体道德、媒体活动等。大学里的新闻专业通常还细分为广播新闻、平面新闻、公关、媒体技术等专业。

基础知识与能力:中文、广泛的人文及社会知识;很强的写作、口头表达能力。

就业、职业:这是一个对年轻人充满诱惑的职业。尤其是电视媒体,不过由于媒体资源的集中度过高,相应的竞争也非常热烈。在今天信息高速流动的时代,新闻行业绝对算得上是一个相对辛苦且极具挑战的选择。不稳定的工作状态和较大的收入差距考验着多数毕业生的智慧与耐力。

你知道吗：新闻专业的毕业生不一定要当记者或编辑，他们在公共关系、市场营销、广告等领域都有深度发展的机会。

表6.6　新闻传播学主要细分专业

	新闻传播学类
050301	新闻学
050302	广播电视新闻学
050305	传播学
050304	编辑出版学
050303	广告学
050306	媒体创意

7. 社会工作

难度：☆☆

社会工作专业是培养专业的社会公益人才、社区服务工作者的专业。社会工作者的职责是为人们在家庭、社会生活中遇到的种种难题提供咨询和解决办法。例如，家庭冲突，家庭虐待，癌症、艾滋病的社会援助，老年疾病、失业、无家可归者以及意外伤害的救护和财务援助等。在西方发达国家，社会工作是除政府外社会管理的重要力量，是公民参与社会管理的主要方式。

基础知识与能力：社会学、心理学；有同情心、社会活动能力、沟通和表达的能力。

就业、失业：在我国，社会工作仍然处于起步阶段。但随着政府职能的转型，社会工作将成为一个越来越大的就业群体。此外，毕业生还可以进入政府、学校等事业或公益组织工作。

你知道吗：社会工作者需要用坚强和乐观的心态来为社会中的弱势群体提供帮助。当然,作为回报,整天和需要你帮助的人在一起,你会随时意识到自己的价值和工作意义。做自己喜欢的事,做自己热爱的事,是社会工作者的最大回报。

表 6.7　社会工作主要细分专业

学科门类:社会学类	
030302	社会工作

8. 艺术类

难度：☆☆☆☆

艺术是一种对社会生活和观念形态人类情感的创造性表达。艺术与表演类包括很多细分专业。参与国外相关专业分类可以把它分为视觉艺术及表演艺术两大类,而视觉艺术又可以分为图形艺术和艺术,其中图形艺术一般是指那些与商业目的有关的绘画艺术,如为公司、商店而设计的各种图形、广告;而艺术则是以欣赏为目的的艺术创作,这些艺术品可能拿到博物馆展览,也可能公开拍卖。艺术品包括绘画、雕塑以及书法等。表演艺术包括音乐、舞蹈、戏剧等。此外,还有艺术史、导演、影视文学、艺术评论等。

基础知识与能力：中文、人文及社会科学知识;有创造性,有耐力。

就业,职业：就业市场竞争残酷。中等水平的毕业生专业就业比例较高。有的会做中小学老师或者艺术品行业中的市场或管理人员。少数高才生将向艺术家方向发展。

你知道吗：艺术与表演领域的收入水平差距非常大。相当多不知名的艺术家无法获得能够维持生活的全职工作及收入。他们必须全职或者兼职地做其他与艺术无关的工作以维持生计。所以，在这个领域发展尤其需要理想与耐力的完美结合。

表 6.8 艺术类主要细分专业

	学科门类：艺术类
050422	艺术学
050423	影视学
050407	艺术设计学
050408	艺术设计
050414	戏剧影视文学
050401	音乐学
050402	作曲与作曲技术理论
050403	音乐表演
050428	音乐科技与艺术
050404	绘画
050406	美术学
050418	动画
050415	戏剧影视美术设计
050405	雕塑
050416	摄影
050409	舞蹈学
050410	舞蹈编导
050411	戏剧学
050412	表演
050419	播音与主持艺术
050425	书法学
050429	中国画
050413	导演
050420	广播电视编导
050424	广播影视编导

(续表)

	学科门类:艺术类
080612	影视艺术技术
050417	录音艺术
050426	照明艺术
050427	会展艺术与技术

第七章　自然科学

1. 数学、统计学

难度：☆☆☆☆☆

数学是研究数字之间的逻辑和计算方法的自然科学。数学的应用十分广泛,除了自然科学的理论和技术研究外,还广泛应用于医学、金融商业等领域。数学是自然科学的基础,为绝大部分学科提供研究的方法和工具。数学专业的本科生去进修其他任何专业的研究生都会有优势。

统计学是处理数据信息的实用科学,研究如何以有效的方法搜集、分析和解释数据化信息。统计学大量应用于市场调研、社会管理、金融分析等领域。

基础知识与能力:数学、物理、计算机;分析能力、耐心。

就业,职业:市场需求较大,如果能结合其他专业背景,就有更大的市场竞争力。可以从事投资顾问,金融、证券分析师,市场调研以及教师等工作。

你知道吗:几乎所有领域都需要数学、统计学专业的人才。但如果你希望从事数学和统计学的研究或基础工具的开发,你需要硕士甚至博士的学历。

表 7.1　数学、统计学主要细分专业

	学科门类：数学
070101	数学与应用数学
070102	信息与计算科学
070103	数理基础科学
071601	统计学

2. 生物科学

难度：☆☆☆☆

生物是一门基础学科,是研究生物体的结构、功能、发展规律以及生物体和周围环境之间的关系的自然科学。近年来,由于基因和分子生物学以及生物技术的高速发展,生物学产生了很多新的分支,如微生物学、微化学、生物物理学、生物化学、生物医学等,可用生物学这个传统的名称统称它们。

基础知识与能力：化学、物理、数学、计算机；研究精神、分析能力、细致耐心。

就业,职业：市场需求很大。遍地开花的生物技术公司、生物研究以及制药企业都需要大量的生物技术人员。生物技术领域的技术更新较快,要求持续的学习能力。虽然说生命科学的前景辉煌,但学士学位的毕业生通常只能从事行政管理及市场销售的工作。

你知道吗：生物及生命科学是医学的基础,它的入行门槛相对较高。除了传统名牌大学的生物系或医学院,大部分二三本学校并不具备培养中高级生物技术人才的能力。

表 7.2 生物学主要细分专业

	学科门类:生物
070304	分子科学与工程
070303	化学生物学
070407	生物化学与分子生物学
070401	生物科学
070402	生物技术
070405	生物科学与生物技术
070411	生物资源科学
081801	生物工程
081906	生物系统工程
070409	植物生物技术
070410	动物生物技术
070403	生物信息学
070404	生物信息技术
071402	生态学

3. 化学

难度:☆☆☆☆☆

化学是一门研究物质的成分、结构、性质以及变化规律的自然科学,是一门实验性的科学。化学是一门基础学科,是很多应用技术的理论依据。化学的分支学科很多,如有机化学、无机化学、生物化学、高分子化学以及化工等。

基础知识与能力:化学、数学、计算机;耐心、认真的研究精神,较强的动手能力。

就业,职业:单纯的化学专业是传统学科中就业市场趋于稳定甚至有所收缩的专业之一。多数的化学专业毕业生在硕士或博士阶段转向化学的分支学科，如生物技术、化工以及环保等专业继续深造。这些交叉学科的就业前景看好。

你知道吗：大部分化学专业的毕业生需要攻读硕士或博士学位。如果与其他专业背景结合，或向交叉学科发展，优势会更加明显。

表7.3 化学主要细分专业

	学科门类:化学
070301	化学
070302	应用化学
071302	材料化学

4. 物理学

难度：☆☆☆☆☆

物理学研究的是物质的结构，如物质、能量、空间、时间等及物质相互作用和运动规律的自然科学。更广泛地说，物理学研究的是大自然的运动规律。物理理论通常是以数学的形式表达出来，因此数学基础非常重要。物理学的分支学科包括力学、热学、声学、光学、电磁学，以及原子物理、分子物理、粒子物理学等。物理学可以应用于非常广泛的领域，是现代科技革命的主要推动力。约60%的毕业生直接或工作后攻读各种应用型专业的研究生学位。只有一小部分尖子生留在物理学领域从事物理学的理论及实验技术的研究。

基础知识与能力：物理、数学、计算机；实验能力、分析能力、耐心。

就业,职业:与纯物理专业直接联系的职业和就业机会主要在教学和研究性领域。更多的毕业生在硕士阶段转修应用型专业,如计算机硬件、电子通讯、机械工程等专业;少数进入中小学校当教师。

你知道吗:物理学专业毕业生在各种工程技术领域都有非常好的发展机会,在美国,这些毕业生的起薪虽然不是很高,但他们的薪水增长速度和平均水平都是最高的。

表7.4 物理学主要细分专业

	学科门类:物理学
070201	物理学
070202	应用物理学
070203	声学
070204	核物理
071101	理论与应用力学
071301	材料物理
071201	电子信息科学与技术
071206	信息科学技术
071202	微电子学
071203	光信息科学与技术
071207	光电子技术科学

5. 地理学

难度:☆☆☆☆☆

地质学是地理学的主要分支,它主要研究地球的物质组成、结构、物理及化学性质,还有与其相关联的矿物、生物、气候的发展规律等。地质学和地球物理学是两个相关但不同的专业。地质学研究地球外壳的组成、结构、历史形成和演变过程。地球物理学不仅研究地球的表面,还使用物理和数学方法研究地球的内部组成。例如,地面、水、大气、海洋以及地球的电、磁场、向心力等。两个专业都与地球资源开发(如矿业资源、水资源等)、资源保护、废料处理等技术领域有关。

基础知识与能力:物理、数学、化学、计算机;野外工作、生活能力、研究精神。

就业,职业:市场需求量不大,大多数毕业生在能源公司或政府工作;从事地质勘探、采矿、环境保护,资源管理等工作。

你知道吗:除了专业知识,热爱自然是学习及从事地质或地球物理研究的基础。

表 7.5　地理学主要细分专业

	学科门类:地理学
070601	地质学
070602	地球化学
070801	地球物理学
070802	地球与空间科学
070701	地理科学

第八章　工程技术科学

1. 航空、航天工程

难度：☆☆☆☆☆

航空指飞行器在地球大气层内的航行活动,航天指飞行器在大气层外宇宙空间的航行活动。航空、航天工程属于敏感专业。例如,导航设备、仪表、通讯设备的设计、开发、测试、生产以及相关新技术的研发等等。学习的主要课程有航天工程、流体动力学、热动力学、材料力学、飞行器机械、航空控制系统工程,空间科学与系统等。大批机械电子专业的毕业生会进入航空、航天领域工作。

基础知识与能力：数学、物理、计算机；严谨的思考和行为习惯,想象力和耐心。

就业,职业：市场需求量中等,主要职业是航空航天设备的设计、安装、制造工程师,或商业化产品的市场咨询、销售。毕业后到军工、国防和政府部门工作的人较多。所以平均薪水远远高于其他工程专业毕业生的水平。外国学生就业受到一定限制。

你知道吗：航空、航天工程师虽然不愁钱,但相当一部分需要到比较偏僻的地方工作。如果工作内容涉及国家机密,那么学术论文的发表、出国交流或跳槽都会受到一定的限制。对航天梦想的兴趣和信念非常重要。

表8.1 航空、航天工程主要细分专业

	学科门类：机械电子类 专业群：航空航天
070803	空间科学与技术（地理类）
081505	航空航天工程
081506	工程力学与航天航空工程
081501	飞行器设计与工程
081502	飞行器动力工程
081503	飞行器制造工程
081507	航天运输与控制
081204	飞行技术
081504	飞行器环境与生命保障工程
080902	遥感科学与技术
080903	空间信息与数字技术

2. 环境科学

难度：☆☆☆☆

环境科学涉及广泛的环境问题，主要研究环境中的物理、生物、化学等问题。学习科目广泛，除了物理、生物、化学外，还可能包括大气科学、地球科学、生态学、环境化学、水文学、土地和资源分析、计算机遥控采样等。

基础知识与能力：化学、生物、物理、计算机；野外生活和工作能力。

就业，职业：环境咨询、环境监控、政府环境规划、环保技术研究及市场产品的开发推广等。

你知道吗:环境科学在我国属于新兴领域。多数技术需要从国外引进,因此对毕业生的英语以及技术背景要求越来越高。由于环保对技术的依赖度在提高,越来越多的理工科专业(如化学、生物学、工程技术等)的毕业生进入环境科学领域工作。

表8.2 环境科学主要细分专业

	学科门类:机械电子类
	专业群:环境工程
071401	环境科学
071403	资源环境科学
081105	资源科学与工程
081005	环境科学与工程
081001	环境工程
070702	资源环境与城乡规划管理
090403	农业资源与环境
090402	水土保持与荒漠化防治
081003	水质科学与技术
080109	地下水科学与工程
081006	环境监察

3. 城市规划

难度:☆☆☆☆

城市规划是结合城市或区域的政治、经济条件,研究城市的未来发展、合理布局和资源配置以及各项工程的实施方法的学科。城市规划的目标是通过制定合理、科学的政策建立经济繁荣、生活舒适、环境健康美化的城市。学习的内容有经济开发、交通、土地法规、住房与城市关键性设施的建设管理等等。城市规划专业需要毕业生具备复合型的知识,并对城市及社区的管理有深刻的理解和体验。

基础知识与能力：政治学、经济学、人文及社会知识、计算机，统筹管理能力，创造性思维，组织管理能力，合作精神，书面和口头表达能力。

就业，职业：就业市场有限。一般在政府的市政部门从事管理工作。城市规划更多依靠的不是理论而是现实的社会管理经验。因此更适应作为辅修或在职进修专业。

你知道吗：人们普遍对城市规划这个专业存有误解，过于强调硬件的规划而忽略城市的软性环境的规划，如城市管理政策、城市文化和艺术个性等。按照国际惯例，城市规划专业是一个"软件"重于"硬件"、制度规划多于建设规划的专业。

表 8.3 城市规划主要细分专业

	学科门类：管理学
080702	城市规划（工程类）
110308	城市管理

4. 建筑与环境设计

难度：☆☆☆☆

建筑专业是工程和管理学的结合，培养学生将客户的设想和要求转变为可实施的建筑方案，并且通过多种技术并协调建设的各个环节以保证建筑物能够在预算范围内达成既定的功能和美学目标。建筑专业不仅涉及建筑物的外形、内部结构、使用材料等建筑物的整体和细节设计，还包括建筑物周边环境的景观设计。相比土木工程，建筑学更偏向建筑艺术设计，主要研究建筑物的外观、功能、文化内涵。在我国,这个专业属于工科范畴,而在法国等西方发达国家,建筑属于艺术和文化的范畴,建筑师归文化部管理。建筑学是一个公认的入学门槛较高的专业。在美国,这个专业的申请者还需要提交代表作品。此专业通常为5年制。

基础知识与能力:数学、物理、美术、人文、计算机;艺术想象力,创造性思维,项目管理、组织管理能力,合作精神,书面和口头交流能力。

就业,职业:就业市场十分有限,起薪较低,不过随着工龄与执业经验的增加,薪水增长较快。主要职业为建筑师、房地产公司的设计或管理人员。一般要参加注册建筑师资格考试。建筑师的职业生命周期可以很长,越有经验优势越明显。

你知道吗:建筑师不同于土木工程师,建筑师主要考虑建筑体的功能、外观、结构,而土木建筑工程师和民建工程师负责完成工程施工图纸及建设方案。

表8.4　建筑与环境设计主要细分专业

	学科门类:机械电子类 专业群:建筑景观
080701	建筑学
080713	景观学
080714	风景园林
080708	景观建筑设计

5. 土木工程

难度:☆☆☆☆☆

土木工程就是通常说的民用工程或建筑工程。主要培养目标是从事高速公路、建筑、桥梁、隧道、机场、供排水系统、污水处理、海洋钻井平台等建筑或基础设施的工程设计的工程师。

基础知识与能力:数学、物理、计算机;逻辑思维、创造思维,人际交流、项目管理能力。

就业,职业:市场需求量中等,随着社会对环境的关注,需求量正在逐步增加。毕业生主要是进入设计研究院、房地产公司、工业或政府部门,成为工程师或管理人员。

你知道吗:土木工程师需要经常在施工工地工作,条件相对艰苦。

表8.5 土木工程主要细分专业

	学科门类:机械电子类 专业群:建筑景观
080703	土木工程
081701	工程力学
081702	工程结构分析
080724	道路桥梁与渡河工程
080706	城市地下空间工程
080709	水务工程
080705	给水排水工程
080711	给排水科学与工程
081202	交通工程
081210	交通建设与装备

6. 化工

难度:☆☆☆☆☆

化工是化学工艺或化学工程的简称。广义地说,凡是利用化学的原理及方法把天然物质转化成具有多种功能的新物质的过程都可以称为化工。化工产品的分布非常广,包括纸张、日化产品、农药肥料、化纤材料、塑料、石油产品等。

基础知识与能力:数学、物理、化学;逻辑思维、分析能力、实验能力。

就业,职业:市场需求很大,化工在工程类专业中的需求量是名列前几位的,也是工程类专业中收入最高的专业之一。多数化工专业毕业生会进工厂工作,少数会在销售和管理岗位工作。化工专业的市场需求受经济周期的影响较大。

你知道吗:在美国,化工专业本科毕业生的平均收入在被调查的60种专业中排名第1位。但在我国,由于很多低水平的毕业生无法满足大规模化工生产所需要的人才标准,因此这些毕业生的就业形势依然严峻。

表8.6 化工主要细分专业

	学科门类:机械电子类 专业群:化工制药
081101	化学工程与工艺
081104	化学工程与工业生物工程
081102	制药工程
081103	化工与制药
081402	轻化工程
081410	轻工生物技术

7. 计算机科学

难度:☆☆☆☆☆

计算机科学是研究计算机系统结构(硬件)、程序系统(软件)、人工智能以及计算本身的性质和方法的学科。计算机技术已经广泛应用于日常生活、生产、科学研究等方面。计算机科学专业学习计算机系统和软件的原理与设计,研究计算机的应用,以培养软件专业人员为主。主要课程有程序设计、数据结构、计算机系统组织、自动控制与语言、算法原理、数字系统设计、操作系统、软件工程、汇编语言、数据库设计原理、人工智能、机器人等。

基础知识与能力: 数学、管理学;逻辑思维,耐心、细致。

就业、职业: 就业市场巨大。80%的学生在公司工作,主要从事计算机编程员、计算机系统分析师、计算机工程师、信息系统分析师等,少数具备管理学基础的人可成为系统架构师。高端计算机软件工程师和系统架构师属于国内急需的人才。

你知道吗: 计算机技术日新月异的发展使你和学电子工程专业的人一样,必须有"活到老,学到老"的心理准备,才不至于被淘汰。

表 8.7　计算机科学主要细分专业

	学科门类:机械电子类 专业群:计算机软件
080611	软件工程
080605	计算机科学与技术
080619	计算机软件

8. 电机、电子工程

难度:☆☆☆☆☆

EE 读作 double E,由 Electrical Engineering 缩写而来,习惯上称为电机工程或电子工程。EE 主要研究电学、电子学和电磁学方面的理论和应用的科学。这是工程类专业中最庞大的一个分支,应用面非常广。本专业学生主要学习信号的获取与处理,电子设备与信息系统等硬件或软件与硬件结合的专业知识。

基础知识与能力:数学、物理、计算机;逻辑思维、创造性思维、研究精神。

就业,职业:市场需求量巨大,毕业生可以进入各行各业,是工程类专业中需求量排名第 2 的专业。70% 以上的学生毕业后在公司工作,其中 60% 左右的学生从事电机电子和计算机工程师的工作,还有的从事电子产品的设计、制造、管理、市场与销售等工作。

你知道吗:电子工程专业极具挑战性,是学得最辛苦的专业之一,同时也是技术发展最快的一门专业。电子工程师需要持续地学习。

表 8.8 电机、电子工程主要细分专业

	学科门类:机械电子类 专业群:电子通讯
080603	电子信息工程
080402	电子信息技术及仪器
080606	电子科学与技术
080618	电气信息工程
080621	微电子制造工程
080609	信息工程
080604	通信工程
080634	信息与通信工程
080625	信息物理工程
080613	网络工程

9. 机械工程

难度：☆☆☆☆☆

机械工程类是研究机械和动力问题的传统工程学科，培养学生设计、制造、安装、测试、运用和修理各种机械部件和设备的能力。机械设备包括动力设备，如内燃机、蒸汽机、汽油发动机、飞机和火箭的发动机等，还包括电动设备，如冷冻和空调制冷设备、电动工具、机器、机器人等。

基础知识与能力：数学、物理、计算机；逻辑思维、创造思维，人际交流、动手能力。

就业，职业：就业市场巨大，在工程类专业中，机械专业毕业生的市场需求量排名第1位。约80%的学生毕业后进入工业制造领域从事设计、生产线管理、检验、市场和销售类工作。机械工程虽属传统专业，但由于新材料、精密模具以及计算机等各种新技术的应用，使得机械工程又有了新的活力与空间。复合型人才尤其具有优势。

你知道吗：精密模具技术仍然是目前机械工程领域发展的一个瓶颈。

表8.9 机械工程主要细分专业

	学科门类:机械电子类
110101	管理科学
110109	管理科学与工程
110102	信息管理与信息系统
110503	信息资源管理
110103	工业工程

（续表）

	学科门类：机械电子类
110104	工程管理
110107	产品质量工程
071701	系统理论
071702	系统科学与工程
080301	机械设计制造及其自动化
080302	材料成型及控制工程
080304	过程装备与控制工程
080305	机械工程及自动化
080307	机械电子工程
080309	制造自动化与测控技术
080310	微机电系统工程
080608	电气工程与自动化
080601	电气工程及其自动化
080311	制造工程
080602	自动化

第九章 商业管理科学

1. 会计、财务管理

难度：☆☆☆

会计或财务管理专业专门研究如何搜集、管理、分析企业的资产投资、资本融通、现金流等数据,并为企业的经营决策提供科学的依据。会计学与管理学都有着很多方面的联系,如成本、税务、利润、预算等都是商业管理中的重要环节。专业会计师是商业管理中不可替代的重要人才。按照不同的重心,会计又分为财务会计、成本会计(工业企业)、管理会计以及金融会计等。

基础知识与能力：数学;快速及精确的分析、制作和理解图表的能力,书面和语言交流能力,耐心、细心。

就业,职业：就业市场需求量巨大,商业和工业机构都需要会计师。刚毕业的学生可以从成本会计、出纳做起。大部分学生毕业后进入私营公司和会计师事务所工作;15%的毕业生自行开业提供报税服务及记账服务。低端财务岗位工作流动性较大,资深人员可成为公司的高层管理人员。

你知道吗：具备管理学知识、投融资知识的复合型财务人才是市场所急需的。

表 9.1　会计、财务管理主要细分专业

	学科门类:管理学类
	专业群:财务管理
110203	会计学
110204	财务管理
110208	审计学
110105	工程造价
110215	资产评估

2. 经济学

难度:☆☆☆☆

经济学是研究人类社会在资源配置、生产、分配、产品交换及消费中的经济关系及发展规律的科学。经济学分为宏观经济学(国家层面)和微观经济学(企业层面),但二者在很多层面是交叉重叠的。经济学较多地使用数学及统计模型进行研究,因此数学是学习和研究经济学的基础。此外,经济学是管理学、社会学、政治学以及金融学等社会科学的重要理论基础。大学本科要求学会使用经济学原理与方法精确地进行数据处理,为经济管理提供理论根据。

基础知识与能力:数学、统计学;宏观思维能力,阅读报表的能力,与人交往的能力,领导才能,文字、语言表达能力。

就业,职业:未来 10 年职业市场需求量将逐步上升;除了做经济理论研究,在企业管理、市场营销、财政、金融、保险等领域都有非常大的发展。经济学对于人们理解现代市场经济运行规律和社会管理模式有非常关键的影响。

你知道吗:经济学专业完全不同于工商管理专业,但是常常有人将二者相提并论,经济学更偏向宏观,管理更偏向微观。经济学研究群体行为,而管理学更多地研究个体行为。经济学属于理论基础,而管理学属于应用技术。它们二者的层次、定位有非常大的差异。

表9.2 经济学主要细分专业

	学科门类:经济学类
020101	经济学
020103	财政学
020114	投资学
020120	经济与金融
020105	国民经济管理
020110	税务
020112	网络经济学
020113	体育经济
020115	环境资源与发展经济学
020116	海洋经济学

3. 金融学

难度:☆☆☆

传统金融学主要研究货币的发行、流通及管理。现代金融学中包含越来越多的投资和资本运作的内容。金融学是从经济学中细分出来的一门学科,所以数学和经济学是金融学的基础。在金融服务行业快速发展的几十年中,金融学一直是非常热门的专业。个人、公司、政府和私人机构越来越依赖专业的金融人才进行有效的投资及风险管理。不过金融危机后,金融服务完全脱离实体经济所带来的泡沫风险越发引起世界各国的重视。

基础知识与能力：数学、经济学、管理学、计算机；抽象思维能力、数字分析能力，研究精神及团队合作精神。

就业，职业：大部分毕业生进入企业的投资部门，另一部分进入银行、保险、证券、房地产业以及政府的财政管理部门工作。少数顶尖人才会去投资银行工作，但工作强度很大，工作时间很长。

你知道吗：投资银行的工作虽然可以拿到令人难以置信的高薪，但对于大多数毕业生来说，稳定的工作、正常的生活和工作节奏、宽松的职场人际关系可能比追求"一夜暴富"的梦想更加重要。

表 9.3 金融学主要细分专业

	学科门类：经济学类
020104	金融学
020109	金融工程
020107	保险

4. 商业企业管理

难度：☆☆☆

虽然该专业的市场需求量巨大，但是几乎每一所大学都开设有商业管理或企业管理专业，所以毕业生的供给也非常充裕。这个专业主要是学习经济学、管理学以及与企业管理相关的财务、市场、物流等基本知识。商业企业管理的专业适用面非常广。

这类管理学专业更适合具有一定工作经验的职场人脱岗学习或在岗自学。

基础知识与能力：经济学、管理学、心理学、计算机；领导力、合作精神,很好的口头、书面表达能力。

就业,职业:虽然市场需求量巨大,但需求主要针对有一定工作经验的毕业生,或者是本科为技术专业背景的硕士毕业生。毕业生可以在许多公司或者政府部门工作,从事公司管理、会计、税务、财政管理、销售工作等。

你知道吗:商业管理的毕业生并非一毕业就做企业管理者。商业企业管理的大部分知识需要在工作中学习。

表9.4　商业企业管理主要细分专业

	学科门类:管理学类
110108	项目管理
110201	工商管理
110301	行政管理
110210	物流管理
081207	物流工程
110205	人力资源管理
110303	劳动与社会保障
110314	劳动关系

5. 市场营销

难度:☆☆☆

市场营销学是一门科学性和艺术性兼备的综合性应用型学科,研究以满足消费者需求为目标的企业产品和品牌战略以及管理方法。市场营销学是管理学的分支,也是各类管理专业的必修课。市场营销人才需要兼备人文、哲学、社会科学等各专业的知识。市场营销的细分职能主要分为市场研究、渠道管理、品牌宣传、定价机制、产品组合以及公共关系等。

基础知识与能力：经济学、统计学、消费心理学、管理学、计算机；阅读报表的能力，书面、口头表达以及与人沟通的能力。

就业，职业：市场需求量巨大。绝大多数毕业生在保险、股票、证券、房地产广告、快速消费品等领域从事销售、市场和管理的工作。

你知道吗：市场营销不等于销售。从业者除了需要具备一定的战略思维和规划能力，同时还需要深入了解经济学、会计、金融乃至信息技术等各种管理技能。甚至越来越多的理工科技术人才进入市场营销岗位工作。

表 9.5　市场营销主要细分专业

	学科门类：管理学类
110207	商品学
110202	市场营销
110305	公共关系学
110209	电子商务
110211	国际商务
110217	商务策划管理

6. 公共管理学

难度：☆☆☆

公共管理学是运用管理学、政治学、经济学等多学科理论与方法研究公共组织，尤其是政府组织的管理活动及其规律的学科。公共管理学比工商企业管理专业所研究的内容更宏观。它主要培养政府及公共组织的管理人才。

基础知识与能力：中文、社会常识、经济学、心理学、计算机；演讲和沟通能力。

就业,职业:多数毕业生从事政府公共政策制定,社会团体管理,企业公共关系或社会责任管理,社会工作等工作。

你知道吗:公共管理学在我国属于新兴学科。虽然它会受到国家行政管理体制、政府运作模式等条件的限制,但与其他社会科学相比,它的发展空间较大,是政府职能改革并向服务型、专业性管理模式转型的理论依据,对社会民生的影响比较大。

表9.6 公共管理学主要细分专业

	学科门类:管理学类
110302	公共事业管理
110307	公共政策学
110308	城市管理
110309	公共管理
110304	土地资源管理
030302	社会工作
030303	家政学

第十章 行为科学与医学

1. 心理学

难度：☆☆☆

心理学是研究人和动物的心理现象的发生、发展及其规律的一门科学。心理学是口径很宽的专业，应用面非常广。通常，本科学历可以从事在学校或企业提供心理指导、员工关系管理、消费者行为分析等工作；要进入医院或诊所成为心理治疗师至少需要研究生学历。临床心理学研究生的入学门槛比较高，毕业后就业自然比较好，薪水也更高。

基础知识与能力：生物、化学、物理、数学；较好体力，与人沟通的能力。

就业，职业：毕业生的社会需求量很大，但是初级人员的薪水较低。随着经验的增长，能够获得很高的待遇。获得学士学位的学生多数进入公司从事销售、市场研究、市场开发、保险等工作，少数进入政府部门成为公务员，从事公共事务管理工作。

你知道吗：心理学的应用面很广，不仅在医疗方面，在各行各业如管理、市场、销售甚至设计服务等领域都有广泛的应用。在美国,三分之二的本科生会学习心理学课程。

表 10.1 心理学主要细分专业

	学科门类:心理学类
071501	心理学
071502	应用心理学

2. 医学检验

难度:☆☆☆

医学实验专业主要是学习医学化验技术,为医院实验室培养技术员或化验员的专业。医疗技术员的工作有很多种,化学技术员要制备样品;微生物技术员测验细菌、寄生虫和微生物;血库技术员要搜集、鉴定血型,为输血作准备;免疫技术员要检验人体的免疫反应,预期病人对诊治的反应;细胞技术员要做组织细胞切片,用显微技术观察细胞情况,以判断有无癌症;影像技术人员要操作影像仪器如 X 光、B 超机,并分析影像结果等等。

基础知识与能力:生物、化学、医学、计算机;辨色力,耐心、细致。

就业,职业:市场需求量中等,就业比较集中于医院。70% 的毕业生从事健康与医疗技术工作。

你知道吗:西医医生对病人的医疗处理意见,70%—80% 是根据实验技术员给出的结果而做出的,所以医疗实验技术员虽然在后台工作,但这却是一份关乎人命的工作。

表 10.2　医疗检验主要细分专业

	学科门类:医学
100311	医学实验学
100304	医学检验
100303	医学影像学
100305	放射医学

3. 护理学

难度:☆☆☆

护理学是主要研究如何维护、促进、恢复人类健康的护理理论、知识、技能的综合性应用科学。护理学除了包含自然科学,如生物学、物理学、化学、解剖学、生理学等知识,学生还需要掌握一定的心理咨询的技能。现代护理教学设备先进,授课采用课堂理论教学、实验室模拟情境教学和临床实践教学"三位一体"的模式,把基础护理技术与满足病人需要、解决病人心理问题有机地结合起来。要求学生具有较强的独立分析和解决问题的能力。

基础知识与能力:生物、化学、医学、心理学;耐心、爱心、动手能力、易与人交流。

就业,职业:就业市场极好,就业范围很广。医院的手术室、病房、敬老院、家庭护理等。随着我国人口老龄化进程的加快,大、中城市的养老问题使得护理人员更加紧缺。

你知道吗:护理类岗位虽然人才缺口较大,但受到我国传统观念的制约,高素质人群对进入护理行业仍存有顾虑。高素质护理人才的培养仍然是一个亟待解决的问题。

表 10.3　护理学主要细分专业

	学科门类:医学
100701	护理学

4. 药学

难度:☆☆☆☆

药学主要是研究药品的医学原理以及药品的生产、使用及管理的知识、方法。毕业生可以成为药剂师、药厂技术人员、实验人员、药林基地管理者。不过随着医药技术的发展,未来的高端药学人才将是医学和药学或生物学和药学的复合型人才。

基础知识与能力:化学、生物;较强的记忆力,具备较好的与人沟通的能力。

就业、职业:除了医院以外,零售药房也需要药剂师。药剂师除了能够按照医生的处方配药外,还必须有能力准确地回答顾客提出的有关药品的问题,为病人用药提供咨询。因此,药剂师必须对成百上千种药品有相当程度的了解。

你知道吗:在美国,在医院或药厂工作的药剂师通常都是博士学历。而在我国,硕士学历的药剂师还非常少,在药店工作的药剂师的专业水平更是有待提高。高级药剂师的需求超过供给。

表 10.4　药学主要细分专业

	学科门类:药学
100801	药学
100807	应用药学
100803	药物制剂
100808	临床药学
100809	海洋药学

（续表）

	学科门类:药学
090602	动物药学
100810	药事管理
100802	中药学
100804	中草药栽培与鉴定
100806	中药资源与开发
100805	藏药学
100811	蒙药学

5. 物理治疗

难度：☆☆☆☆

物理治疗又称理疗康复，简称为PT，是一种快速发展的职业。物理治疗主要使用电子仪器、机械设备并辅以人工帮助恢复人体的各种功能。物理治疗的范围相当广，包括烧伤、心脏病、头部外伤、骨折、大脑瘫痪、脏器硬化、神经损伤等。电子方法有电刺激、冷热敷、超声波，人力治疗有牵引、按摩等。

基础知识与能力：生物、化学、物理、医学、心理学；较好体力，耐心，与人沟通的能力。

就业，职业：就业市场很好。毕业后可成为理疗师、康复训练医生等。

你知道吗：理疗康复师被预测为未来10年需求量最大的职业之一。

表10.5 物理治疗主要细分专业

	学科门类:医学类
100307	康复治疗学

第十一章 教育学

1. 学前教育

难度：☆☆

学前教育专业最近几年很热。因为年轻父母对学前教育越来越重视，同时也因为学前教育的管理相对更加市场化，使得这个专业的就业火爆。学前教育专业主要学习幼儿心理学、幼儿教育学以及各种弹、唱、跳的基本课程。

基础知识与能力：教育心理学；具备耐心，富有激情，性格开朗，具有启发性思维。

就业、职业：需求量很大。大多数毕业生在公、私立幼儿园和学前教育机构工作，少数在非营利性组织或政府部门从事幼儿教育研究和管理工作。学前教育被很多专业预测为未来10年内对学士学位人才需求量排名前三位的专业。

你知道吗：男性进入学前教育将有特别的优势。不过，性格内向、急躁，或者喜欢安静思考的人不太适合进入学前教育专业。

表 11.1　学前教育主要细分专业

学科门类:教育类	
040102	学前教育

2. 中小学教育

难度:☆☆☆

中小学教育专业包含了基础教育中的主要课程,如数学、语文、英语、物理、化学等。与国外差异最大的是,我国中小学师资的培养仍然相对封闭,被纳入独立的师范教育体系。想成为中小学教师的学生多数情况只能选择师范院校学习。因此,师范生的就业宽度和未来职业的发展空间都远远比国外的同行要小。必修的课程包括教育学、教育心理学以及人文科学、自然科学的相关课程等。

基础知识与能力:心理学、数学、语文;具备耐心,富有热情,性格开朗,具有启发性思维。

就业,职业:多数毕业生进入公立或私立中小学任教,公立校的编制内老师是一个相对稳定的工作。少数学生会进入各类教育培训机构任教,稳定性相对较低。由于受师范教育体制的局限,师范生的理论功底、研究及创新能力普遍比同类专业非师范生要低,如数学、物理、化学等,人为造成师范生的职业纵深发展的空间变小,跨行业就业的机会也大大降低。

你知道吗:在美国,中小学师资与大学和职场之间的交流、互动的门槛较低,任何专业的本科生只要通过教师资格考试,都可以申请成为老师。很多硕士或博士研究生会被鼓励、甚至资助在读期间进入中小学任教,从而保证中小学教师的理论水平。

表11.2 中小学教育主要细分专业

	学科门类:教育类
040101	教育学
040103	特殊教育
040104	教育技术学
040105	小学教育
040106	艺术教育
040107	人文教育
040108	科学教育

职业体验篇

职业体验会耽误学习吗？

有人愿意和我分享他的职业吗？

职业体验和实习不一样吗？

体验职业的成本是不是很高？

在家也可以进行职业体验吗？

生活中哪里有职业的影子？

要体验多少个职业才够呀？

名人的职业离我有多远？

不感兴趣的职业，也要体验吗？

除了企业，还有什么可以体验职业的地方？

第十二章　什么是职业体验

在武侠小说中,我们常常用"手中无剑,心中有剑"来形容一个剑客的最高境界。意思是说,真正的武功高手,即便手上没有剑,依然能以剑气招式击倒对手。要达到这样的境界,人需要做到心神合一,剑气随时藏于心中。而这样的境界正是我们接下来所要讨论的职业体验的最高境界。

近几年,随着社会就业压力的激增,职业体验一词已经逐渐被人们所熟悉。大大小小的儿童职业体验馆更是把职业体验带进了商业娱乐时代。职业体验是一个自然人成长为一个社会人不可跨越的阶段。但是职业体验到底是什么,它的意义又在哪里,大家的理解各不相同,甚至有些地方仍然概念模糊。其中有两个比较有代表性的观点:一是认为只有企业实习才是真正的职业体验;而另一个相对宽泛的理解是,可以和学校课堂学习相区别的社会实践活动都可以算是职业体验。本书关于职业体验的观点应该更接近于后者,但在内涵和形式上层次更清晰,体验的方法更强调专业性和科学性。

根据职业体验的目标、环境和复杂性的不同,我们把职业体验分为四个层次:分别是家庭职业体验、校园职业体验、社区职业体

验和社会职业体验。这四个职业体验的层次,体验环境和场所的差异是大家最容易理解的。其次,体验的深度、复杂性以及社会磨擦成本也是有差异的。下图是四个职业体验层次的示意,其中社会职业体验在资源的稀缺性和获取的难度上都是最大的,但在职业能力的长期培养方面,我们认为家庭职业体验所起到的作用将是最大的;而社会职业体验则更注重信息的获取和技能的训练。

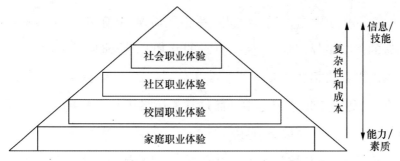

图 12.1　职业体验的四个层次

基于职业体验的四个层次,我们可以更好地观察不同的体验环境和体验模式对于参与体验的个体所产生的影响,以及更好地发现和利用好自己身边丰富的职业体验资源,科学、系统地规划自己的职业体验路径。

第一节 职业体验的现状

比起那些职业启蒙教育体系相对完善的发达国家,我国现阶段的职业体验环境和资源配置方式还存在明显的缺陷。其中的问题可以归纳为以下三个方面。

首先,职业体验只被作为就业指导和就业服务的一种工具,而未建立相对独立、完整的教育理念和方法体系。职业体验仍然缺乏理论指导,缺乏专业规范:一方面被以就业为导向的短期目标功利化;另一方面又被儿童职业体验的商业运作娱乐化。因此,职业体验在大部分人的印象中,是模糊的、扭曲的。

其次,职业体验仍属于舶来品,针对我国目前学生人数众多,职业意识相对薄弱,课堂学习压力仍然过大的现状,我们仍然缺乏适应本土环境需要的职业体验思路和操作模式。并非中国的企业没有社会责任,也并非我们的教育机构不能接受先进的职业教育理念,而是要解决如此庞大的职业体验需求,单靠企业和教育机构的公益行为是不够的,而且学生的学习压力过大、时间过少也是一个不可能在短时间内改变的现状。因此,我们的职业体验急需探索一条更灵活的、可以规模化的全新模式。

再次,目前在校生的职业体验、社会实践的组织工作主要是由学校各自承担,但是学校间资源不均衡的问题却非常严重。多数学校会与社区居委会、社团组织或是企业合作组织学生进行职业体验,这使得职业体验的组织过程分散,资源不均衡,缺乏专业标准。比较常见的职业体验,包括居委会组织的社区卫生保洁活动,老人院或福利院看望老人或残疾人;还有企业提供的促销员、录入员等低端实习岗位等机会。这种组织松散、内容单一、缺乏专业指导的职业体验形式不仅没有发挥出教育的意义,反而使得学生的参与热情降低、积极性受挫。

  由于缺乏理论方法和专业性指导,目前的职业体验停留在效率低、管理粗糙的状态,大家都在摸着石头过河。没有人可以告诉组织者该怎么做,没有人可以帮助组织者协调资源,更没有人可以有效地追踪和评价职业体验的效果。这三个问题如果不能尽早得到解决,会大大制约职业体验教育环境的成熟,使得我们的职业体验始终徘徊在摇篮时期,而不能更快地发育成长。

第二节　职业体验的主要误区

误区一：把职业体验等同于就业实习

职业体验不等于就业指导，更不是上岗培训。职业体验侧重经验的积累和能力的培养，而非针对具体岗位或求职过程中的面试包装。

职业体验是一种心灵的成长，它并非一日之功，通常要用至少2—3年的时间来逐步推进。职业体验好比习武之人每天要练习的基本功，即平衡性、耐力还有力量的练习。它并不一定会教给你具体的招式套路，但只有练好了基本功，才有可能把剑术凝成剑气，藏于无形。职业体验不能等到考不上大学再说，或者等面试、实习之前再临时抱佛脚。一些培训机构把就业前的集训或者把到企业实习称作职业体验，其实这是一种片面的理解。

误区二：职业体验的目的性过强

有人认为，职业体验就如同职业规划一样需要有明确的目标。这句话只说对了一半。职业体验虽然可以有目的，但这个目的需要更变通、更长远。职业体验可以帮助我们更好地认识职业环境，理解自己未来的职业角色。

职业体验的目的并不需要非常地具体，更不可以过于功利。职业是一个非常复杂的情境学习过程。在职业体验中所获取的绝大部分信息和经验都是即兴的、主观的、因人而异的。职业体验如同真实的职业过程一样，它与课堂教学的最大区别就在于没有标准答案。因此,体验中的每个人需要保持开放、灵活、适应性的心态,主动判断并吸收体验过程中一切有意义的信息。具体的体验任务和体验岗位仅仅是一个载体,并非重点。透过体验的环境、伙伴、责任以及流程,你可以捕捉到的知识、经验和能力将远远超越具体体验任务所能够定义的范畴。而一旦体验者的目的性过强,反而会限制我们的思维,阻碍我们自由地吸收和选择,这样的体验效果事倍功半。

一个值得思考的问题就是,该不该去体验自己并不感兴趣的职业呢。举例来说,未来想成为医生的人都希望到医院去做体验。这样的想法不能说是错的,但却是不现实的。因为医院不可能敞开大门让大家来做体验。这样做不仅成本高,而且是不安全的。那么想当医生的人可不可以去体验记者的职业,体验秘书的职业甚至去体验一下销售员的职业呢?回答是肯定的。

因为体验记者的职业可以帮助你获得更开放、灵活的人际交流能力,培养对环境敏锐、深刻的观察和思考能力;体验秘书的职业可以使你熟悉文档写作、档案管理和公文设计的技巧,熟悉办公室管理流程;而体验销售的职业则会使你具备对市场需求的敏锐的观察和理解能力,培养服务精神。因此,即便你将来可能是一名医生,以上各种看似不相干的体验经历也一定会对你医生的职业大有助益。想象一下,如果你的文档写作和资料管理能力很差,专家会诊后的备忘录整理得没人看得懂,你可能成为一名好医生吗?如果你不知道如何处理甲方(病人)和乙方(医生)之间的服务关系,经常被病人投诉,你可能成为一名好医生吗?如果你不知道在发生医疗纠纷后如何与记者打交道而搞得医院名誉受损,你可能成为一名好医生吗？我们有把握认为,这样的医生即便医术再高,最终也很难成功。所以说,职业体验,看似无心,其实有心。看似无剑,却心中有剑。而如果职业体验的目的性过强,其实反而会画地为牢,固步自封。

误区三：职业体验缺乏科学的方法规范

职业体验是一个教育过程,为了确保教学的效果,我们就需要认真地做好一系列备课工作。然而,目前的职业体验没有科学的规范,方法不统一,评价标准不清晰,造成了体验活动的主体的盲目性,以及体验组织过程的低效,参与度不高。

有效的职业体验应该是个性化的解决方案。但个性化的方案仍然可以具有共通的标准。这里,我们总结为三个标准,即角色浸入、情境迁移以及身份认定。这三个标准更强调体验者的心理认知和感受。这三个标准可以相对准确地评价职业体验的最终效果。关于这三个标准我们在接下来的部分会继续展开论述。

职业体验是一种心灵的成长。思考则是心灵成长的催化剂。同样的事情,不同的人看过、经历过,却会产生完全不同的心理体验和观点,这其中的原因就在于我们在用不同的方式思考。思考的过程就是体验个性化的一种表现。形式的个性化远不及思维的个性化来得重要。职业体验之后的思考,可以让我们的体验效率十倍甚至百倍地提高,而对思考的引导却是我们今天的职业体验教育中最为缺乏的。

职业体验不是一次考试,考完了教材就可以扔掉了;职业体验也不等于去找一份工作,拿到录用通知的时候就可以停止了;职业体验更不是只有在体验现场才会发生的教育过程,它开始于你从浸入角色到持续地思考的全过程。在职业体验资源相对有限,体验时间相对不足的现实环境中,提高职业体验的效率至关重要。对于每一个正在从自然人逐渐步入职业人角色的年轻人来说,职业体验只有起点,没有终点。你用了多少力,就会留下多深的足迹。职业体验,没有捷径。

表 12.1 职业体验的思维转型

	旧思维		新思维
身份诉求	请把我当作学生!	→	请把我当作职业人!
体验目的	应付面试,最好能直接找到实习和就业的机会;	→	获得职场生存的经验和能力,明确自己的优势和劣势,清晰自己的目标,结识更多的职业人;
体验时间	我需要专门抽时间去体验	→	职业体验可以融入我生活、学习的每一个环节中;
体验环境	一定要有真实的工作环境;	→	可以在任何场合和环境进行职业体验;
体验对象	只体验自己感兴趣的职业;	→	以开放的心态,从不同的体验内容中获得多元、复合的经验和能力;
导师/教练	等职业人找上门来帮助自己; 只想和所谓成功的职业人交往;	→	把身边的人看做职业人,比如老师、父母家人、商店服务员、饭店老板、汽车司机、导游、前台秘书等; 开放地倾听并体验所有人的真实的职业经验;
体验流程	老师家长安排的,照着做就可以;	→	自己主动思考和选择,事前做好准备,事后总结和思考;
体验内容	告诉我该做什么;	→	告诉我为什么做这件事;
体验成本	花 200 元去体验馆,花 100 元请人喝咖啡聊天,花 1000 元请客找实习等。	→	花 10 元钱买咖啡组织一次家庭座谈会;花 20 元交通费去打工子弟学校做义工;花 1 元邮票给苹果公司市场部写信,谈一谈产品功能改进的想法;花 50 元路费调查本社区 300 个公共垃圾分类箱的使用情况等。

第三节　职业体验的有效性

不管发生在什么地方、以什么样的形式发生,职业体验的最终效果应至少取决于以下三个基本要素,即角色浸入、情境迁移和身份认定。

标准一:角色浸入。角色浸入是指从职业的角度分析、理解所体验的角色,使自己置身其中,积极地适应并塑造自己所理解的角色,比如,理解角色的职业意义、岗位职责、工作流程以及团队关系等。这些内容看似简单,甚至有人会认为有点流于形式,但其实要做好且要做得专业并不是一件容易的事。这样的形式将赋予职业体验以仪式的意义,使职业体验成为一个严肃的,而非娱乐的过程。虽然有些繁琐,但就像一个演员要熟悉角色需要阅读大量的背景资料,就像一个记者要使采访更有意义需要准备丰富的人物素材一样,体验者如果没有对体验角色的理性的理解,没有做好角色浸入的准备工作,那么无论你有多聪明,这样的体验的过程也是低效率的。然而在现实操作中,大多数职业体验多都是草率的、即兴的行为,缺乏理性、专业的角色浸入过程。

角色浸入意味着你不可以没有准备就走入自己的体验岗位;意味着你不能以在教室听讲的方式来被动地等待别人教给你要学的知识;更意味着你不会因为自己是学生而认为体验中所有的错误都是理所应当被原谅的。如果体验者不能较好地完成角色浸入,积极地进入体验角色,那么我们的职业体验永远都只能停留在一种娱乐模式下,无法成熟、发展。

标准二:情境迁移。情境迁移就是将现实体验中信息、过程与真实的、更贴近未来职业目标的情境进行对接和联想。现实的职业体验不像在儿童职业体验馆,想体验什么角色就体验什么角色。那是一种理想化的、童话似的娱乐式体验。而在现实世界,你可能今天需要去社区打扫卫生,而不是去体验做秘书。你可能要去体验售货员的角色,而不是去体验做总经理。可是,虽然体验的内容不同,但不同的体验角色之间其实有着非常大的联系和共通之处。比如,在社区打扫卫生和做文秘负责办公室的整洁属于同样的责任。有的同学到了工作岗位连自己的办公桌都不知道如何整理,她又怎么能做好秘书的工作呢。而一个售货员虽然面对的只是一个个消费者,正是这些形形色色的消费者构成了一个总经理脑海中的"客户"和"市场"。情境迁移是一个成熟的职业人,一个具有学习能力的人需要具备的基本职业能力。

标准三:身份认定。身份认定是指在体验中,体验者能够被当作职业人来对待,而非学生或学习者。身份认定是外界对于体验者身份的认定。从心理学上讲,一个人要想成功地浸入角色,外界对其身份的期许和定位是一个不可或缺的前提,也是一种积极的心理暗示。就像一个演员,如果观众并不把演员理解为剧中的角色,如果观众不挑剔演员的演技,演员走神儿、跑题儿、忘词儿了,观众也可以一笑了之,那么我们可能看不到一部好的演出。所以,有经验的演员才会懂得尊重观众,因为一部好的演出是由好的观众和好的演员共同来完成的。同样,一个有效的职业体验也是由体验者和体验环境共同构成的。

　　如果在职业体验中,我们只是把学生当作学生,甚至把学生当作孩子,假设他们什么都不会,假设他们不需要认真对待所体验的职业,不需要遵从完整的体验责任,那么我们也就将体验的过程简单化、形式化且娱乐化了。缺少相应的心理暗示,体验者也就无法顺利地完成角色浸入的过程。职业体验的效率就会大大降低。

　　职业体验是一个非常复杂的过程,而且还需要很多的条件。比如需要时间,需要有经验的职业人,需要有愿意敞开大门的机构,甚至还需要专业的职业教练等等。这些都在无形之中给职业体验画定了一个很高的门槛,高得似乎难以逾越。然而,当我们回到职业体验的四个层次和三个基本要素上面再来审视以上这些困难和条件,我们会发现,如果能够突破思维,职业体验并没有我们想象中的那么难,门槛也并没有那么高,那些看起来似乎好大好大的困难其实并非不可克服。

第十三章 职业体验的四个层次

第一节 家庭职业体验

家庭是我们每个人与生俱来的财富。通常,家庭不仅可以为我们提供温暖、舒适、安全的成长环境,还是我们认识和理解社会的一个起点,是职业体验的摇篮。

在家庭中,我们不仅获得了衣服和食物,还在这里结识了自己人生中第一个团队——父母和家人。在这里,我们第一次了解到不同的团队角色,学习彼此沟通和互动方式。事实上,人生中很多的第一次职业体验往往都和家庭有着密不可分的关系。比如第一次听别人(比如父母)吵架;第一次受到的表扬;第一次因为别人的付出而感动;第一次试图从别人那里获得支持(钱和爱);第一次知道了奖励和惩罚是什么;第一次因为委屈而向别人倾诉;还有第一次知道自己需要承担的责任是什么。

从某种意义上说,家庭是我们每个人职业的起点,也是我们职业体验的原生态环境。很多在职场几十年的人都会相信,家庭对一个人的职业思维和行为方式影响之巨大其实超乎想象。因此,谈到职业体验,我们无法、也不应该把家庭与职业割裂开来。想一想,如果我们连自己的房间都不会收拾,那么即使我们拿着抹布、扫帚去大街上去做卫生也不能让我们养成健康、卫生的职业习惯;如果我们平时不懂得着装礼节,那么我们即便把面试着装练习无数遍也不能使我们成为有气质的职业人;如果我们连自己的父母都不知道如何沟通,我们又怎会知道如何和领导和同事沟通;如果我们不知道自己对家庭这个团队的责任是什么,我们又如何能够理解自己对未来工作团队的责任呢。所以说,家庭是我们职业体验的第一战场;而父母则是我们职业体验的第一个教练。

表 13.1 家庭职业体验新思维

旧思维		新思维
家庭与职业无关,家庭和职业是冲突的	→	家庭生活就是职业体验的起点
要到家庭之外找职业人	→	家人就是我们的第一个职业团队

第二节　校园职业体验

对多数人来说,第一次生活环境的重大改变应该是从家庭踏入校园的那一刻开始的。从小学到中学,从中学到大学,我们与校园之间的缘分将会持续 12 至 18 年。从绝对值上看这个时间并不长,但它却是一个人生命的黄金 20 年。在这个过程中,我们从少年走入青年,从家庭走入社会,从一个自然人成长为社会人。在这个过程中,我们也从单纯吸纳能量的人成为可以释放能量,并发挥自己影响力的人。

很多关注学生就业问题的人会苛责我们的学校,认为学校没有给学生创造一个良好的职业体验的环境和空间。然而,如果我们能够转变思维,用职业化的眼光来看待我们所在的校园,你会发现,不是学校而是我们自己的思想禁锢了我们职业体验的空间。

表 13.2　校园职业体验新思维

旧思维	新思维
校园中没有职业体验 →	校园是我们职业体验的第二战场
老师不懂职业 →	老师也是职业人
学习和职业体验是有冲突的 →	学习是职业体验的一部分
学习是为了考试,以后工作中肯定用不到 →	学习是为了获得学习能力;而学习能力和学习方法对任何职业都有用

校园是学生最熟悉的环境之一,也是人生中第二个职业体验的平台。想一想,你可以发现校园中存在多少种职业;想一想,你的老师的工作流程是什么;想一想,不同科目的老师是如何一起协

调教学计划的;想一想,你们的学校每个管理流程都是怎样的,有什么可以改进的地方。

事实上,校园中有太多的职业体验元素了。即便你的时间有限,也没有人能阻挡你去思考、去探索。如果说校园职业体验仍然存在诸多需要克服的困难和问题,它也绝不比真实的职场环境中所存在的问题和困难更多、更大。对学校的苛责反映了我们对职业体验的理解还过于狭隘。我们期待学校为我们创造一个完美的职业体验环境,是不现实的,而且是与职业体验的目的相违背的。事实上,校园可以为我们提供更深层次的职业体验机会,而我们有时却舍近求远,把校园隔离在职业体验的大门之外。

观点讨论:

学生与"职业人"身份

我们曾经讲到,一个职业的职业生命体需要五大关键要素的支撑,即形象和礼仪、成就感、责任、团队和专业知识。在传统的观念中,学习和职业似乎是彼此割裂的,挣钱与否成了学习和职业的分水岭。然而,当我们从职业的角度来重新看待学生这一身份时,我们却发现,学生和职业人之间其实并不矛盾。一个优秀的学生身上同样具备这五大生命要素。

学生可以说是专职于学习的人。学习就是学生的工作,也是学生的责任和权利。学生这一个身份为社会所创造的价值不仅仅体现为教育、培训产业今天的 GDP,更体现出一个社会未来的价值。而这一身份的价值表现不是工资,不是奖金,而是它为家庭和社会所带来的希望。

从职业生命体的五大要素来重新审视我们的学生身份,是校园职业体验的思维突破。而我们为学生这一身份所赋予的新的意义,也将为校园职业体验插上一对自由的翅膀。

图 13.1　学生身份的五大生命元素

第三节 社区职业体验

社区①对于很多国人来说是一个既熟悉而又陌生的词。社区到底是什么,它看不见、摸不着,却又好像无处不在。

狭义的社区是有形的;广义的社区可能是无形的。后者可以超出物理空间的局限,可泛指彼此之间存在某种社会关系,具有一定共同利益或目标的群体。他们可能非常分散,甚至远隔千里,但会遵守看似可能松散但却有序的组织规则和利益原则。互联网时代的到来为社区的存在和形式的丰富提供了方便的条件。

从职业体验的角度看,社区是介于家庭、学校和社会之间的一座桥梁。国外的相关经验证明,社区在职业体验中所扮演的角色是至关重要且不可替代的。如果结合我国的具体国情,社区也是最有可能以相对较低的社会成本为数量如此庞大的学生提供职业体验机会的场所。在传统教学模式中,我们更多地依赖企业来为学生提供职业体验的平台。似乎职业就等于企业。这不仅违反了市场的规律,且不可复制和规模化操作。而在企业中进行职业体验的社会摩擦成本巨大,对企业、对学生都可能形成一种负面的经验,事与愿违。如果以行政手段干预企业市场行为,强迫企业承担社会教育的责任则更是弊大于利。

然而,社区毕竟是一个等级不分明且权力相对松散的社会管

---

① 社区:(community)通常是指集中在某一相对固定的区域内的全部个人、家庭间所形成的社会关系。社区是社会的基本组织单位,它承担着一定的社会管理职能。社区成员为维护自己所关心的共同利益而相互提供服务。

理单元。中国的传统文化中,"服从于权力,服从于制度"的等级思维模式根深蒂固,这种文化阻碍并制约着我们更好地开发和利用我们身边的社区职业体验资源。因此我们说,社区仍然是职业体验的处女地。很多人从小到大习惯了从家庭到学校、从家庭到单位的两点一线的生活,社区从来都不是我们重要的生活节点。甚至在一些公民教育的材料中,更跨越了公民对社区的责任而大谈特谈公民对社会的责任。其实,社区是一个公民履行自己公民责任的第一舞台。如果不提社区只谈社会,那么则很容易会使公民责任空洞化,使得职业体验如云中漫步,接不了地气。

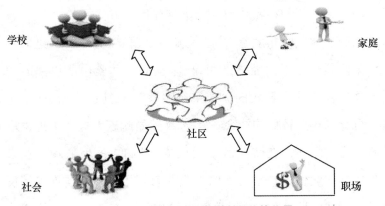

图 13.2　社区在职业体验中所处的位置

社区职业体验具有三个明显的优势:

1. 体验的场所比较灵活。 可以在楼道,可以在绿地,可以在街道,也可以在邻居的家中,或是老年活动中心。相对于家庭和校园,社区的环境更多元,更丰富。

2. 体验的时间非常灵活。 不需要遵照企业的考勤时间来进行一个半天或一个全天的体验。你可以在下学的路上利用半个小时完成你对社区服务的调研报告。你也可以利用和家人一起到超市采购的时间,调查最新的消费模式。

3. 体验的主体更加丰富。比起家庭和校园,社区是一个更加复杂和多元的小社会。这里的社会角色更负责,经济条件差异更明显,文化层次的差距也更大。相比社会职业体验,社区则是一个相对安全、稳定的体验平台。

然而,由于我们传统理念和生活经验的限制,很多人对于自己每天生活在其中的社区非常陌生。大家甚至不知道自己的社区都有哪些服务机构,都是什么人在里面工作;更不了解本小区的垃圾分类到底是如何实现的,有何改善的空间;不清楚自己可以为社区做什么,以及如何对社区的服务者表达感谢。

表 13.3 社区职业体验新思维

旧思维		新思维
社区看不见、摸不着	→	社区非常的具体、可以感知
社区体验就只能在居委会	→	社区职业体验场所、形式更加丰富、多样
社区体验环境与企业差异太大,对工作、就业没有帮助	→	社区职业体验注重问题解决能力、人际交往能力、服务意识,这些都是最基本且核心的职业要素;是工作和就业的前提
社区体验没人管,有风险	→	社区职业体验靠自己管自己,这也是基本的职业能力;社区好比游泳池,在这里学游泳的风险远比直接在大海(职场)里学游泳要小得多

社区是一个职业体验的大舞台。正是由于这里松散、平等的管理模式,才使得我们职业体验的宽度、深度和自由度得以充分的体现,才使得职业体验的风险和成本可以大大降低。也许,一些老观念的人可能会把社区职业体验定义为"管闲事儿",甚至是"没出息",但这样的观念显然已经落伍了。正是因为有了社区,职业体验的层次才更加丰富,职业体验的效率才更高。

第四节　社会职业体验

社会职业体验,有时也称为社会实践。社会职业体验是大家平时讨论最多的一种体验模式。它也是与就业、工作等短期目标联系最为紧密的一种职业体验。**社会职业体验就是狭义的职业体验,而广义的职业体验则包含了家庭、校园、社区和社会四个层次。**

从某种意义上说,社会职业体验是职业体验的终极形式。一个人从家庭走向社会,从一个自然人成为一个社会人,社会职业体验将是我们之前三种体验层次的成果验收。进入到社会职业体验阶段,意味着我们和真实的职场又近了一步。社会职业体验相比之前三个层次的职业体验具有以下几个特点:

1. **更高的社会成本**。任何社会组织和企业,包括公益组织在内其实都有自己具体、明确的经营内容、工作流程和市场使命。打破既定的工作流程和计划,为组织外的人提供职业体验的机会,对于任何市场主体都是成本巨大且不可持续的。

2. **更真实的体验环境,利弊相伴**。社会职业体验通常是在实际的而非虚拟的组织环境中进行。因此,所得到的信息更加具体、真实。不过,正是由于社会职业体验的环境和信息过于具体,容易限制体验者的想象力和思考能力,对于缺乏前三个层次体验经历的人来说,其眼界和思维会过早地局限在某一行业、某一企业的具体情景中,不利于培养人的灵活的适应能力。

这个道理就好比幼教专家会主张不要让孩子过早地学习走

路,而应该尽可能多地练习爬行的道理是一样的。有些年轻的妈妈会因为自己的孩子比其他孩子更早地开始走路而向他人炫耀,殊不知,过早地进行站立行走,不仅孩子的四肢统合协调能力会明显降低,而且由于过早面对可能跌倒的风险,孩子会更容易胆小,更容易受挫。这一点和让缺乏多维度职业体验的学生直接进入社会职业体验所带来的问题是相似的。

3. 更注重信息的获得,而非能力的培养。 正是由于社会职业体验的成本很高,资源也更加稀缺,因此,每个人所能获得的时间和机会也会更少。尤其是企业实习的形式,企业通常不会给体验者充足的时间和过程来锻炼能力,更不会接受实习者在自己的企业来试错。因此,社会职业体验对体验者的最大帮助主要在于获取第一手的信息、人脉,而非培养自己的职业能力。社会职业体验也就因此而难以避免地会陷入急功近利的陷阱中。

表 13.4 社会职业体验新思维

旧思维		新思维
社会或企业体验是就业的必要且充分的条件	→	职业体验是必须的,而社会或企业职业体验并非是就业的必要条件,当然更不是充分条件
只去感兴趣的岗位,或者只想进知名企业或组织进行职业体验	→	即便是自己不喜欢或不感兴趣的企业或组织也可以获得有用的职业经验和能力
企业或组织有责任教会我	→	企业和社会没有责任带着你学习

职业体验是我们职业认知的最重要组成部分,是每一个职业人心灵成长的必经之路。它好比一个剑客只要能参悟"心法",他的剑气便可以无处不在,可以在有形的空间与无形的空间之间自由穿梭。职业体验是职业的启明灯,它可以见证一个职业人的成长轨迹,一路相伴,让他在走近职业殿堂的路上不再孤单。

附录篇

附录一　重要图、表索引

职业认知篇

图 1.1　职业进化示意图 / 5

图 1.2　职业生物链示意 / 11

图 2.1　职业的经度、纬度示意 / 14

图 2.2　六大职能岗位转型路径示意 / 16

图 2.3　经典职业转型路线示意 / 21

图 2.4　职责的外延示意 / 34

图 2.5　团队的层次示意 / 35

图 2.7　专业性的四个组成部分比重示意 / 39

图 2.9　传统职业认知的层次 / 41

图 2.10　MBTI 性格理论中直觉型性格在不同职业上的可能优势 / 43

图 2.12　数学与可能的职业方向 / 49

图 2.13　英语与可能的职业方向 / 49

图 2.14　显性兴趣与隐性职业偏好的关系 / 50

表 2.1　行业与职能的特性比较 / 17

表 2.2　六大职能主要性格偏好比较 / 18

表 2.3　平级团队的意义 / 37

表 2.4　缺失平级团队观念所导致的问题 / 38

表 2.5　性格与兴趣的差异比较 / 42

表 2.6　兴趣与职业的差异比较 / 52

学业规划篇

图 3.1　文科和理科之间的关系 / 56

图 3.2　人文精神与科学精神的关系 / 57

图 3.3　学习过程与能力转化 / 62

图 3.4　文理科与四大专业类型 / 65

图 3.5　文理科与高考专业方向的选择 / 69

图 3.6　能力、性格和兴趣三者规律的比较 / 78

图 3.7　学习方式的三个评价维度 / 80

图 3.8　文理科在文理兼修上的重心差异 / 85

图 3.9　文理分科决策时间点示意 / 86

图 3.10　文理分科决策流程示意 / 88

图 4.1　四大专业类型间的逻辑关系及不可逆性 / 99

图 4.2　数学和哲学与各学科的关系 / 101

图 4.3　四大专业类型与 12 个大学专业类别 / 102

图 4.4　基础及应用型专业与经济周期间的关系 / 104

图 4.5　五次专业方向的选择机会／110

图 4.6　转专业的方向及可行性／110

图 4.7　本科专业与研究生专业方向的递进关系／116

图 4.8　MBTI 两大性格维度与专业偏好之间的关系示意／119

图 4.9　文科生的专业规划思路／125

图 4.10　理科生的专业规划思路／126

图 4.11　不同思维能力的学业规划思路示意／128

图 4.12　能力与兴趣在专业选择中的作用／130

图 4.13　专业选择决策流程图／137

图 5.1　三类大学的差异化培养目标／140

图 5.2　大学定位决策流程示意／146

表 3.1　基础学科与核心职业能力／63

表 3.2　六大基础学科对大学专业的重要性／63

表 3.3　文理科的关键能力／76

表 4.1　基础科学与应用型科学的比较／99

表 4.2　硬门槛专业与软门槛专业的对比／106

表 4.3　辅修或第二学历与研究生学历的比较／113

表 5.1　大学调研大纲参考／147

专业解读篇

引图 2　35 个主要专业方向分类索引／161

引表 1　技术培训与理论学习的差异／154

表 6.1　中国语言文学主要细分专业／163

表 6.2　历史主要细分专业／164

表 6.3　法学主要细分专业／165

表 6.4　哲学和政治学主要细分专业／166

表 6.5　社会学主要细分专业／168

表 6.6　新闻传播类主要细分专业／169

表 6.7　社会工作主要细分专业／170

表 6.8　艺术类主要细分专业／171

表 7.1　数学、统计学主要细分专业／174

表 7.2　生物学主要细分专业／175

表 7.3　化学主要细分专业／176

表 7.4　物理学主要细分专业／177

表 7.5　地理学主要细分专业／178

表 8.1　航空航天工程主要细分专业／180

表 8.2　环境科学主要细分专业／181

表 8.3　城市规则主要细分专业／182

表 8.4　建筑与环境设计主要细分专业／183

表 8.5　土木工程主要细分专业／184

表 8.6　化工主要细分专业／185

表 8.7　计算机科学主要细分专业／186

表 8.8　电机、电子工程主要细分专业／187

表 8.9　机械工程主要细分专业／188

表 9.1　会计、财务管理主要细分专业／191

表 9.2　经济学主要细分专业 / 192

表 9.3　金融学主要细分专业 / 193

表 9.4　商业企业管理主要细分专业 / 194

表 9.5　市场营销主要细分专业 / 195

表 9.6　公共管理学主要细分专业 / 196

表 10.1　心理学主要细分专业 / 198

表 10.2　医学检验主要细分专业 / 199

表 10.3　护理学主要细分专业 / 200

表 10.4　药学主要细分专业 / 200

表 10.5　物理治疗主要细分专业 / 201

表 11.1　学前教育主要细分专业 / 203

表 11.2　中小学教育主要细分专业 / 204

职业体验篇

图 12.1　职业体验的四个层次 / 208

图 13.1　学生身份的五大生命元素 / 222

表 12.1　职业体验的思维转型 / 214

表 13.1　家庭职业体验新思维 / 219

表 13.2　校园职业体验新思维 / 220

表 13.3　社区职业体验新思维 / 225

表 13.4　社会职业体验新思维 / 227

附录二 大学本科主修专业推荐目录

说明:此表的编写标准请参考《大学专业目录快速检索表编写说明》。

学科门类	专业代码	专业名称
哲学类	010101	哲学
	010102	逻辑学
中国语言文学类	050101	汉语言文学
	050102	汉语言
	050106	中国语言文化
艺术类	050422	艺术学
	050407	艺术设计学
	050408	艺术设计
	050401	音乐学
	050404	绘画
	050418	动画
	050415	戏剧影视美术设计
	050405	雕塑
	050416	摄影
	050409	舞蹈学
	050412	表演
	050419	播音与主持艺术
	050425	书法学
	050429	中国画
教育学类	040102	学前教育
	040101	教育学
	040105	小学教育
	040106	艺术教育
	040107	人文教育
	040108	科学教育

（续表）

学科门类	专业代码	专业名称
数学	070101	数学与应用数学
	070103	数理基础科学
	070102	信息与计算科学
	071601	统计学
化学生物	070301	化学
	070302	应用化学
	071302	材料化学
	070304	分子科学与工程
	070303	化学生物学
	070407	生物化学与分子生物学
	070401	生物科学
	070402	生物技术
	070405	生物科学与生物技术
	070411	生物资源科学
	081801	生物工程
	081906	生物系统工程
	071402	生态学
	070403	生物信息学
	070404	生物信息技术
	070409	植物生物技术
	070410	动物生物技术
天文地理学科	070601	地质学
	070701	地理科学
	070703	地理信息系统
	070704	地球信息科学与技术
	0705001	天文学
	070602	地球化学
	070801	地球物理学
	070802	地球与空间科学
	070901	大气科学
	070902	应用气象学
	071001	海洋科学
	071002	海洋技术
	071003	海洋管理

（续表）

学科门类	专业代码	专业名称
矿产工程	080105	资源勘查工程
	080104	勘查技术与工程
	080106	地质工程
	080101	采矿工程
	080108	煤及煤层气工程
	080103	矿物加工工程
	080107	矿物资源工程
	080102	石油工程
材料工程	080201	冶金工程
	080205	材料科学与工程
	080202	金属材料工程
	080203	无机非金属材料工程
	080204	高分子材料与工程
	080212	高分子材料加工工程
农/林学	090101	农学
	090106	植物科学与技术
	090107	种子科学与工程
	090102	园艺
	090401	园林
	090301	林学
	082001	森林工程
	082002	木材科学与工程
	082003	林产化工
	081901	农业机械化及其自动化
	081902	农业电气化与自动化
	081905	农业工程
	090109	设施农业科学与工程
	090501	动物科学

（续表）

学科门类	专业代码	专业名称
医学类	100304	医学检验
	100311	医学实验学
	100303	医学影像学
	100305	放射医学
	100101	基础医学
	100301	临床医学
	100309	医学技术
	100312	医学美容技术
	080622	假肢矫形工程
	100302	麻醉学
	100306	眼视光学
	100308	精神医学
	100310	听力学
	100401	口腔医学
	100402	口腔修复工艺学
	100203	妇幼保健医学
	100307	康复治疗学
	090601	动物医学
	100501	中医学
	100505	中西医临床医学
	100502	针灸推拿学
	100601	法医学
	100701	护理学
药学类	100801	（临床）药学
	100807	应用药学
	100808	临床药学
	100803	药物制剂
	100802	中药学
政治学类	030401	政治学与行政学
	030402	国际政治
	030406	国际政治经济学
历史学类	060101	历史学

（续表）

学科门类	专业代码	专业名称
外国语言文学	050201	英语
	050202	俄语
	050203	德语
	050204	法语
	050205	西班牙语
经济学	020103	财政学
	020101	经济学
	020109	金融工程
	020104	金融学
	020107	保险
管理学（微观）	110202	市场营销
	110305	公共关系学
	110210	物流管理
	081207	物流工程
	110203	会计学
	110204	财务管理
	110205	人力资源管理
	110303	劳动与社会保障
	110314	劳动关系
	110302	公共事业管理
	110307	公共政策学
	110308	城市管理
	110309	公共管理
法学类	030101	法学
心理学类	071501	心理学
	071502	应用心理学
社会学类	030301	社会学
公共安全	030501	治安学
	030513	公安管理学
	082104	交通管理工程
	030509	消防指挥
	082102	消防工程
	030502	侦查学
	030511	公安情报学
	082103	安全防范工程
	081004	灾害防治工程

（续表）

学科门类	专业代码	专业名称
体育学类	040201	体育教育
	040206	运动康复与健康
新闻广播学类	050301	新闻学
	050302	广播电视新闻学
	050305	传播学
	050303	广告学
物理学	070201	物理学
	070202	应用物理学
	070204	核物理
	071101	理论与应用力学
	070203	声学
	071301	材料物理
	071201	电子信息科学与技术
	071206	信息科学技术
	071202	微电子学
	071203	光信息科学与技术
	071207	光电子技术科学
机械电子	110101	管理科学
	110109	管理科学与工程
	110102	信息管理与信息系统
	110503	信息资源管理
	110103	工业工程
	110104	工程管理
	071701	系统理论
	071702	系统科学与工程
	080301	机械设计制造及其自动化
	080302	材料成型及控制工程
	080304	过程装备与控制工程
	080305	机械工程及自动化
	080307	机械电子工程
	080309	制造自动化与测控技术
	080310	微机电系统工程
	080608	电气工程与自动化

(续表)

学科门类	专业代码	专业名称
机械电子	080601	电气工程及其自动化
	080311	制造工程
	080602	自动化
	080401	测控技术与仪器
	080603	电子信息工程
	080402	电子信息技术及仪器
	080606	电子科学与技术
	080618	电气信息工程
	080621	微电子制造工程
	080609	信息工程
	080604	通信工程
	080634	信息与通信工程
	080625	信息物理工程
	080613	网络工程
	080617	广播电视工程
	080710	建筑设施智能技术
	080712	建筑电气与智能化
	080704	建筑环境与设备工程
	080620	电力工程与管理
	080627	智能科学与技术
	080630	真空电子技术
	080631	电磁场与无线技术
	080611	软件工程
	080605	计算机科学与技术
	080619	计算机软件
	080615	集成电路设计与集成系统
	080614	信息显示与光电技术
	080616	光电信息工程
	080624	医学信息工程
	080607	生物医学工程
	080626	医疗器械工程
	080629	医学影像工程
	080901	测绘工程

(续表)

学科门类	专业代码	专业名称
机械电子	080902	遥感科学与技术
	080903	空间信息与数字技术
	080303	工业设计
	080504	能源与环境系统工程
	080505	能源工程及自动化
	080506	能源动力系统及自动化
	080503	工程物理
	080508	核技术
	080502	核工程与核技术
	080510	核化工与核燃料工程
	080511	核反应堆工程
	071401	环境科学
	071403	资源环境科学
	081105	资源科学与工程
	081005	环境科学与工程
	081001	环境工程
	070702	资源环境与城乡规划管理
	080702	城市规划
	080701	建筑学
	080703	土木工程
	081701	工程力学
	081702	工程结构分析
	080713	景观学
	080714	风景园林
	080708	景观建筑设计
	080709	水务工程
	080705	给水排水工程
	080711	给排水科学与工程
	080801	水利水电工程
	080802	水文与水资源工程
	080805	水资源与海洋工程
	080306	车辆工程
	081201	交通运输

（续表）

学科门类	专业代码	专业名称
机械电子	081209	交通设备信息工程
	081202	交通工程
	081210	交通建设与装备
	081206	轮机工程
	081205	航海技术
	081301	船舶与海洋工程
	081101	化学工程与工艺
	081104	化学工程与工业生物工程
	081102	制药工程
	081103	化工与制药
	081401	食品科学与工程
	081415	粮食工程
	081402	轻化工程
	081410	轻工生物技术
	081406	服装设计与工程
	081405	纺织工程
	070803	空间科学与技术
	081505	航空航天工程
	081506	工程力学与航天航空工程
	081501	飞行器设计与工程
	081502	飞行器动力工程
	081503	飞行器制造工程
	081504	飞行器环境与生命保障工程
	081204	飞行技术
	081507	航天运输与控制
	081601	武器系统与发射工程
	081602	探测制导与控制技术
	081603	弹药工程与爆炸技术
	081604	特种能源工程与烟火技术

附录三　大学辅修或研究生专业推荐目录[*]

学科门类	教育部专业代码	研究生或辅修专业名称
1. 哲学类	010103	宗教学
	010104	伦理学
2. 政治学类	030201	科学社会主义与国际共产主义
	030202	中国革命史与共产党党史
	030404	思想政治教育
	030403	外交学
	030405	国际文化交流
	030407	国际事务
3. 历史学类	060102	世界历史
	060103	考古学
	060104	博物馆学
	060106	文物保护技术
	080707	历史建筑保护工程
4. 中国语言文学类	050104	中国少数民族语言文学
	050105	古典文献
	050107	应用语言学
5. 外国语言文学	0502xx	其他小语种
	050255	翻译

[*] 此表的编写标准请参考《主修专业如何选》以及《大学专业目录快速检索表编写说明》。

（续表）

学科门类	教育部专业代码	研究生或辅修专业名称
6. 艺术类	050423	影视学
	050411	戏剧学
	050414	戏剧影视文学
	050406	美术学
	050402	作曲与作曲技术理论
	050403	音乐表演
	050428	音乐科技与艺术
	050410	舞蹈编导
	050413	导演
	050420	广播电视编导
	050424	广播影视编导
	080612	影视艺术技术
	050417	录音艺术
	050426	照明艺术
	050427	会展艺术与技术
7. 经济学	020102	国际经济与贸易
	020106	贸易经济
	020117	国际文化贸易
	020114	投资学
	020120	经济与金融
	020105	国民经济管理
	020110	税务
	020111	信用管理
	020112	网络经济学
	020113	体育经济
	020115	环境资源与发展经济学
	020116	海洋经济学
8. 管理学（微观）	110108	项目管理
	110201	工商管理
	110301	行政管理
	110207	商品学
	110209	电子商务
	110211	国际商务

（续表）

学科门类	教育部专业代码	研究生或辅修专业名称
8. 管理学（微观）	110217	商务策划管理
	110208	审计学
	110105	工程造价
	110215	资产评估
	110304	土地资源管理
	030302	社会工作
	030303	家政学
	110106	房地产经营管理
	110206	旅游管理
	110218	酒店管理
	110212	物业管理
	110213	特许经营管理
	110214	连锁经营管理
	110310	文化产业管理
	110311	会展经济与管理
	110312	国防教育与管理
	110313	航运管理
	110501	图书馆学
	110502	档案学
	110315	公共安全管理
	110316	体育产业管理
	110317	食品经济管理
	110401	农林经济管理
	110402	农村区域发展
9. 法学类	030103	知识产权
	030120	监狱学
10. 社会学类	030304	人类学
	060105	民族学
	030305	女性学
11. 公共安全类	030512	犯罪学
	030505	禁毒学
	030507	经济犯罪侦查
	082106	公安视听技术

(续表)

学科门类	教育部专业代码	研究生或辅修专业名称
11. 公共安全类	082101	刑事科学技术
	030506	警犬技术
	030510	警卫学
	030508	边防指挥
	030503	边防管理
	030504	火灾勘查
	082105	核生化消防
	081007	雷电防火科学与技术
12. 教育学类	040103	特殊教育
	040104	教育技术学
	040109	言语听觉科学
	040110	华文教育
	050103	对外汉语
13. 体育学类	040204	运动人体科学
	040202	运动训练
	040203	社会体育
	040205	民族传统体育
	040207	休闲体育
14. 新闻传播学类	050304	编辑出版学
	050306	媒体创意
15. 物理学	071204	科技防卫
	071205	信息安全
16. 化学生物	070408	医学信息学
	070406	动植物检疫
	070412	生物安全
17. 天文地理学科	071004	军事海洋学
	071005	海洋生物资源与环境
18. 机械电子类	080312	体育装备工程
	110107	产品质量工程
	081002	安全工程
	081508	质量与可靠性工程
	080623	数字媒体艺术
	080628	数字媒体技术

（续表）

学科门类	教育部专业代码	研究生或辅修专业名称
18. 机械电子类	080501	热能与动力工程
	080507	风能与动力工程
	080509	辐射防护与环境工程
	090403	农业资源与环境
	090402	水土保持与荒漠化防治
	081003	水质科学与技术
	080109	地下水科学与工程
	081006	环境监察
	080724	道路桥梁与渡河工程
	080706	城市地下空间工程
	080803	港口航道与海岸工程
	080804	港口海岸及治河工程
	080308	汽车服务工程
	081203	油气储运工程
	081205	航海技术
	081208	海事管理
	081416	乳品工程
	081408	酿酒工程
	081409	葡萄与葡萄酒工程
	081407	食品质量与安全
	081414	植物资源工程
	081403	包装工程
	081404	印刷工程
	081413	数字印刷
	081412	非织造材料与工程
	081605	地面武器机动工程
	081606	信息对抗技术
19. 矿产工程	080206	复合材料与工程
	080209	粉体材料科学与工程
	080211	稀土工程
	080207	焊接技术与工程
	080208	宝石及材料工艺学
	080213	生物功能材料
	080210	再生资源科学与技术

（续表）

学科门类	教育部专业代码	研究生或辅修专业名称
20. 农学/林学	090103	植物保护
	090108	应用生物科学
	081411	农产品质量与安全
	090201	草业科学
	090104	茶学
	090105	烟草
	090302	森林资源保护与游憩
	081903	农业建筑环境与能源工程
	081904	农业水利工程
	090303	野生动物与自然保护区管理
	090502	蚕学
	090503	蜂学
	090701	水产养殖学
	090702	海洋渔业科学与技术
	090703	水族科学与技术
21. 医学类	100506	维医学
	100503	蒙医学
	100504	藏医学
	100201	预防医学
	100202	卫生检验
	100204	营养学
23. 药学类	100809	海洋药学
	090602	动物药学
	100810	药事管理
	100804	中草药栽培与鉴定
	100806	中药资源与开发
	100805	藏药学
	100811	蒙药学

附录四 大学专业目录快速检索表

专业代码	专业名称	专业类型	专业培养目标	专业基础理论	本科主修推荐专业	辅修及研究生推荐专业	就业方向说明
	学科门类：哲学类						
010101	哲学	人文科学	哲学研究	数学、中文	√		专业口径宽，跨行业，可在任一社会科学从事理论研究、编辑、管理工作
010102	逻辑学				√		
010103	宗教学					√	
010104	伦理学					√	

(续表)

专业代码	专业名称	专业类型	专业培养目标	专业基础理论	本科主修推荐专业	辅修及研究生推荐专业	就业方向说明
学科门类：政治学类							
030401	政治学与行政学	人文科学	思想政治	哲学、社会学、政治学	√		专业口径宽，从事政治体制、社会问题研究、思想教育、国际文化交流等；可进修政治学类研究生
030201	科学社会主义与国际共产主义					√	从事党史的研究、德育教学工作
030202	中国革命史与中共党史						
030404	思想政治教育			社会学、心理学	√		
030402	国际政治		国际研究	社会学、政治学、经济学			对外文化与经济交流事务、公共关系、外交事务
030406	国际政治经济学						
030403	外交学					√	
030405	国际文化交流						
030407	国际事务						
学科门类：历史学类							
060101	历史学	人文学科	历史研究	中文、历史	√		专业口径宽，跨行业，可从事历史相关的研究、编辑、编剧、文化交流等
060102	世界历史					√	
060103	考古学					√	文物的鉴定和保护、考古技术的研究
060104	博物馆学					√	博物馆管理、布展陈列技术的研究
060106	文物保护技术		文物保护技术			√	从事文物和古建筑的修复和保护；
080707	历史建筑保护工程						

（续表）

专业代码	专业名称	专业类型	专业培养目标	专业基础理论	本科主修推荐专业	辅修及研究生推荐专业	就业方向说明
	学科门类：中国语言文学类						
050101	汉语言文学	人文科学	中文研究	哲学、中文	√		专业口径宽、跨行业，建议进修社会科学专业的研究生
050102	汉语言						
050106	中国语言文化					√	研究少数民族语言和历史、文化
050104	中国少数民族语言文学					√	研究古代汉语中的经典作品
050105	古典文献					√	研究中文名词解释/检索/标准化如字典
050107	应用语言学						
	学科门类：外国语言文学类						
050201	英语	人文科学	外文研究	中文	√		专业口径宽、跨行业
050202	俄语				√		
050203	德语				√		
050204	法语				√		
050205	西班牙语					√	
0502××	其他小语种					√	
050255	翻译						

（续表）

专业代码	专业名称	专业类型	专业培养目标	专业基础理论	本科主修推荐专业	辅修及研究生推荐专业	就业方向说明
	学科门类：艺术类						
050422	艺术学		艺术研究		√		从事艺术理论研究、教学
050423	影视学					√	
050411	戏剧学					√	
050414	戏剧影视文学					√	
050406	美术学		美术		√		美术作品鉴赏、教学和理论研究
050404	绘画						
050418	动画				√		平面及动画美术作品的设计
050415	戏剧影视美术设计	人文科学		哲学、文学			
050407	艺术设计学				√		
050408	艺术设计						
050401	音乐学		音乐		√		专业口径较窄；通用性不强；人行门槛偏高；可作为个人艺术修养课程，也可在相关艺术领域如文艺团体、媒体、会展公司等从事艺术品鉴赏、创作、交流、推广的工作
050402	作曲与作曲技术理论					√	
050403	音乐表演					√	
050428	音乐科技与艺术						
050405	雕塑		雕塑		√		
050416	摄影		摄影		√		

（续表）

专业代码	专业名称	专业类型	专业培养目标	专业基础理论	本科主修推荐专业	辅修及研究生推荐专业	就业方向说明
050409	舞蹈学		舞蹈		√		专业口径较窄；通用性不强；入行门槛偏高；可作为个人艺术修养课程，也可在相关艺术领域如文艺团体、媒体、会展公司等从事艺术品鉴赏、创作、交流、推广等的工作
050410	舞蹈编导					√	
050412	表演		表演/主持		√		
050419	播音与主持艺术				√		
050425	书法学	人文科学	书法	哲学、文学	√		
050429	中国画		国画				
050413	导演		编导			√	
050420	广播电视编导						
C50424	广播影视编导						
C80612	影视艺术技术		其他技术			√	
C50417	录音艺术					√	
C50426	照明艺术					√	
050427	会展艺术与技术					√	

（续表）

专业代码	专业名称	专业类型	专业培养目标	专业基础理论	本科主修推荐专业	辅修及研究生推荐专业	就业方向说明
	学科门类：经济学						
020101	经济学						专业口径宽，跨行业，主要从事宏观经济的研究；是其他经济学类专业的理论基础。可进修经济学类专业硕士
020109	金融工程				√		信托保险、投资银行等领域的金融产品设计、建模型、复杂数据统计
020102	国际经济与贸易					√	
020106	贸易经济					√	
020117	国际文化贸易						
020114	投资学	社会科学	宏观经济研究	数学、经济学	√	√	专业口径宽，跨行业；可自学，需要积累社会常识和实践经验，是理工科本科生优选的辅修或研究生专业方向
020103	财政学				√	√	
020104	金融学					√	
020120	经济与金融					√	
020105	国民经济管理				√		
020107	保险					√	
020110	税务					√	
020111	信用管理					√	
020112	网络经济学					√	
020113	体育经济					√	
020115	环境资源与发展经济学					√	
020116	海洋经济学					√	

(续表)

专业代码	专业名称	专业类型	专业培养目标	专业基础理论	本科主修推荐专业	辅修及研究生推荐专业	就业方向说明
	学科门类：管理学（微观）						
110108	项目管理		通用管理				
110201	工商管理		通用管理			√	
110301	行政管理					√	
110207	商品学			经济学、心理学			
110202	市场营销		市场管理		√		专业口径宽,跨行业,建议作为本科选修课程或研究生阶段优选专业
110305	公共关系学	社会科学	市场管理				
110209	电子商务					√	
110211	国际商务						
110217	商务策划管理						
110210	物流管理		物流管理	经济学	√		专业口径宽,跨行业,从事物流,库存及生产环节的成本控制,技术开发
C81207	物流工程						
110203	会计学		财务/资产管理	数学	√		财务成本核算,分析;从事财会、税务、审计,评估及管理咨询服务
110204	财务管理					√	
110208	审计学					√	
110105	工程造价						
110215	资产评估					√	会计师事务所或资产评估中介、房地产公司从事资产评估、评估、评价,需要职业资格

(续表)

专业代码	专业名称	专业类型	专业培养目标	专业基础理论	本科主修推荐专业	辅修及研究生推荐专业	就业方向说明
110205	人力资源管理		人力资源管理	心理学	√		人力资源管理(招聘、培训、福利、激励及组织架构等)及管理咨询
110303	劳动与社会保障						
110314	劳动关系						
110302	公共事业管理		公共管理	心理学、社会学	√		公共服务及政策的制定、执行,适合在政府部门或事业单位工作
110307	公共政策学						
110308	城市管理	社会科学					
110309	公共管理						
110304	土地资源管理					√	
030302	社会工作					√	从事社会公益服务、社区管理等工作
030303	家政学					√	家政服务行业的管理
110106	房地产经营管理		行业管理	心理学、社会学		√	行业管理类专业适合在工作中自学,或在研究生阶段作为交叉专业学习
110206	旅游管理					√	
110218	酒店管理					√	
110212	物业管理					√	
110213	特许经营管理					√	
110214	连锁经营管理					√	
110310	文化产业管理					√	

(续表)

专业代码	专业名称	专业类型	专业培养目标	专业基础理论	本科主修推荐专业	辅修及研究生推荐专业	就业方向说明
113311	会展经济与管理					√	
113312	国防教育与管理					√	
113313	航运管理					√	
113501	图书馆学					√	
113502	档案学	社会科学	行业管理	心理学、社会学		√	行业管理类专业适合在工作中自学，或在研究生阶段作为交叉专业学习
113515	公共安全管理					√	
113516	体育产业管理					√	
113517	食品经济管理					√	
113401	农林经济管理					√	
113402	农村区域发展					√	
学科门类：法学							
030101	法学	社会科学	法律	法学	√		律师、法律咨询服务、法律顾问、检察官、公证员等
030103	知识产权					√	法学领域的一个分支，适合在研究生阶段研修
030120	监狱学					√	

(续表)

专业代码	专业名称	专业类型	专业培养目标	专业基础理论	本科主修推荐专业	辅修及研究生推荐专业	就业方向说明
	学科门类：心理学类						
071501	心理学	社会科学	心理研究	心理学	√		专业口径宽，跨行业，适合从事心理咨询、教育、企业管理、市场营销等
071502	应用心理学				√		
	学科门类：社会学类						
030301	社会学	社会科学	社会研究	哲学、历史		√	适合专门从事理论研究，进修博士
030304	人类学					√	
060105	民族学					√	
030305	女性学						
	学科门类：公共安全类						
030501	治安学	社会科学	公共安全政策	法学、心理学、社会学	√	√	从事公共安全管理和案件的侦破
030513	公安管理学					√	
030512	犯罪学						
030505	禁毒学						
030502	侦查学	社会科学	侦查安全技术		√		
030511	公安情报学					√	从事案件的侦察及相关技术的研究
030507	经济犯罪侦查					√	
082106	公安视听技术					√	
082101	刑事科学技术					√	

(续表)

专业代码	专业名称	专业类型	专业培养目标	专业基础理论	本科主修推荐专业	辅修及研究生推荐专业	就业方向说明
030506	警犬技术						警犬的训练及任务执行
030510	警卫学		警卫	法学、心理学、社会学		√	从事警卫保护
030508	边防指挥		边防管理			√	从事边境国防安全的管理
030503	边防管理						
082104	交通管理工程	社会科学	交通管理		√		从事交通管理的政策和工程技术研究
030509	消防指挥				√		
030504	火灾勘查		消防管理	物理、化学		√	在消防队、建筑设计院、消防安全设备企业从事消防和重大公共安全风险的防范、紧急救助以及设备的制造、安装和检测工作
082102	消防工程				√		
082103	安全防范工程						
081D04	灾害防治工程						
082105	核生化消防					√	
081D07	雷电防护科学与技术					√	

（续表）

专业代码	专业名称	专业类型	专业培养目标	专业基础理论	本科主修推荐专业	辅修及研究生推荐专业	就业方向说明
	学科门类：教育学类						
040101	教育学						
040102	学前教育				√		
040103	特殊教育				√		
040104	教育技术学						
040105	小学教育	社会科学	基础教育	中文、教育心理	√		从事学前及中小学基础教育
040106	艺术教育				√		
040107	人文教育				√		
040108	科学教育						
040109	言语听觉科学					√	从事聋哑人等特殊人群的教育
040110	华文教育					√	用外语或方言教华侨或外国人中文；类似职业技能培训
050103	对外汉语						
	学科门类：体育学类						
040201	体育教育				√		
040204	运动人体科学					√	
040202	运动训练	社会科学	体育教育	教育心理学		√	从事体育训练、体育项目推广、健康服务、康复训练以及相关产品的设计、管理和经营
040203	社会体育					√	
040205	民族传统体育				√		
040206	运动康复与健康					√	
040207	休闲体育					√	

附录四 大学专业目录快速检索表

(续表)

专业代码	专业名称	专业类型	专业培养目标	专业基础理论	本科主修推荐专业	辅修及研究生推荐专业	就业方向说明
	新闻传播学类						
050301	新闻学	社会学科类	新闻媒体	中文、新闻学	√		从事媒体管理、新闻采编、栏目设计和媒体经营等,以及政府文化宣传的管理工作
050302	广播电视新闻学	社会学科类	新闻媒体	中文、新闻学	√		
050305	传播学	社会学科类	新闻媒体	中文、新闻学		√	
050304	编辑出版学	社会学科类	新闻媒体	中文、新闻学		√	
050303	广告学	社会学科类	新闻媒体	中文、新闻学			
050306	媒体创意	社会学科类	新闻媒体	中文、新闻学			
	学科门类:数学						
070101	数学与应用数学	理论科学	数学研究	数学	√		专业口径宽,跨行业;可在研究生阶段进修计算机工程、金融工程等应用型技术专业,或从事数学相关理论研究
070103	数理基础科学	理论科学	数学研究	数学	√		
070102	信息与计算科学	理论科学	数学研究	数学	√		
071601	统计学	理论科学	数学研究	数学	√		

(续表)

专业代码	专业名称	专业类型	专业培养目标	专业基础理论	本科主修推荐专业	辅修及研究生推荐专业	就业方向说明
学科门类：物理学							
070201	物理学	理论科学	物理研究	数学、物理	√		专业口径宽，跨行业；是工程技术类专业，其中物理学偏向理论研究，应用物理偏向电子、机械、材料等领域的应用。微电子偏向集成电路、半导体研究。建议本科打好理论基础，并选择合适的理工方向进修研究生
070202	应用物理学				√		
070203	声学				√		
070204	核物理				√		
071101	理论与应用力学				√		
071301	材料物理				√		
071201	电子信息科学与技术				√		
071206	信息科学与技术				√		
071202	微电子学				√		
071203	光信息科学与技术					√	
071207	光电子技术科学					√	
071204	科技防卫						
071205	信息安全						

（续表）

专业代码	专业名称	专业类型	专业培养目标	专业基础理论	本科主修推荐专业	辅修及研究生推荐专业	就业方向说明
	学科门类：化学生物						
070301	化学	理论科学	化学生物研究	数学、化学、生物			
070302	应用化学				√		专业口径宽，跨行业；可从事各种化工工业品和日化用品的技术检测、生产管理和市场推广；可进修化工、生物技术等应用型专业的研究生
071302	材料化学						
070304	分子科学与工程				√		
070303	化学生物学						
070407	生物化学与分子生物学				√		
070401	生物科学						
070402	生物技术						
070405	生物资源科学						
070411	生物工程						
081801	生物系统工程						
081906	生物信息工程				√		专业口径宽，跨行业；可在医药、农林生产、基因技术、食品检验、能源以及环境保护等领域工作
070403	生物信息技术						
070404	生物信息技术						
070409	植物生物技术					√	
070410	医学信息学					√	
070408	动物生物技术					√	
070406	动植物检疫						
070412	生物安全						
071402	生态学				√		研究生物间的关系、人与自然的平衡；从事环境保护、公共安全评估等

（续表）

专业代码	专业名称	专业类型	专业培养目标	专业基础理论	本科主修推荐专业	辅修及研究生推荐专业	就业方向说明
学科门类：天文地理学科							
070601	地质学				√		从事地球内部及地表结构、矿物层、通过遥感和计算机技术管理地理信息，地图和辅助勘探、地震预测、地质勘探；主要从事地质勘测（如采矿）等重大建设项目以及航天工程等交叉领域的研究
070602	地球化学			数学、物理、地理	√		
070801	地球物理学	理论科学	地理研究		√		
070802	地球与空间科学	理论科学			√		
070701	地理科学				√		
070703	地理信息系统				√		
070704	地理信息科学与技术				√		
070501	天文学	理论科学	天文研究	数学、地理	√		从事天文、气候、气象的研究、预测和管理
070901	大气科学				√		
070902	应用气象学						
071001	海洋科学	理论科学	海洋研究	地理			从事海洋工程、海洋资源和环境等研究、管理
071002	海洋技术						
071003	海洋管理						
071004	军事海洋学					√	
071005	海洋生物资源与环境					√	

(续表)

专业代码	专业名称	专业类型	专业培养目标	专业基础理论	本科主修推荐专业	辅修及研究生推荐专业	就业方向说明
	学科门类:机械电子类						
110101	管理科学						
110109	管理科学与工程						
110102	信息管理与信息系统						
110503	信息资源管理				√		
110103	工业工程						
110104	工程管理						
071701	系统理论						
071702	系统科学与工程						
080301	机械设计制造及其自动化	工程技术科学	机械自动化	数学、物理			专业口径宽,跨行业,在各行业从事机械和自动化设备的设计、制造、安装、测试和管理。从事设计工作需要硕士研究生的学历
080302	材料成型及控制工程						
080304	过程装备与控制工程						
080305	机械工程及自动化				√		
080307	机械电子工程						
080309	制造自动化与测控技术						
080310	微机电系统工程						
080608	电气工程与自动化						
080601	电气工程及其自动化						
080311	制造工程						
080602	自动化						
080401	测控技术与仪器						

（续表）

专业代码	专业名称	专业类型	专业培养目标	专业基础理论	本科主修推荐专业	辅修及研究生推荐专业	就业方向说明
080710	建筑设施智能技术		机械自动化		√		专业口径宽,跨行业,在各行业从事机械和自动化设备的设计、制造、安装、测试和管理。从事设计工作需要硕士研究生的学历
080712	建筑电气与智能化		机械自动化		√		
080704	建筑环境与设备工程		机械自动化		√		
080312	体育装备工程		机械自动化			√	
110107	产品质量工程		安全与测试			√	专业口径宽,跨行业,管理各种工程系统的安全和设计,运用系统工程理论设计;航天、国防及民用大型系统的安全和可靠性测试。需要硕士研究生学历
081002	安全工程		安全与测试				
081508	质量与可靠性工程	工程技术科学					
080603	电子信息工程	工程技术科学	电子通讯技术	数学、物理			专业口径宽,跨行业,在各行业从事电子设备、计算机硬件以及通讯设备的研究、安装、测试、维护和销售。从事研究设计工作硕士研究生学历是必要的
080402	电子信息科学与技术		电子通讯技术	数学、物理	√		
080606	电子科学与技术		电子通讯技术	数学、物理			
080618	电气信息工程		电子通讯技术	数学、物理	√		
080621	微电子制造工程		电子通讯技术	数学、物理			
080609	信息工程		电子通讯技术	数学、物理	√		
080604	通信工程		电子通讯技术	数学、物理			
080634	信息与通信工程		电子通讯技术	数学、物理	√		
080625	信息物理工程		电子通讯技术	数学、物理	√		
080613	网络工程		电子通讯技术	数学、物理	√		
080617	广播电视工程		电子通讯技术	数学、物理	√		从事广播电视网络设备的设计、安装和维护
080620	电力工程与管理		电子通讯技术	数学、物理	√		从事电力网络的施工、生产和管理

附录四　大学专业目录快速检索表　269

（续表）

专业代码	专业名称	专业类型	专业培养目标	专业基础理论	本科主修推荐专业	辅修及研究生推荐专业	就业方向说明
080627	智能科学与技术	工程技术科学	电子通讯技术	数学、物理	√		从事机器人等人工智能系统的设计等
080630	真空电子技术				√		从事微波、电磁波、电磁及电子设备的设计、研究、制造等
080631	电磁场与无线技术						
080611	软件工程				√		以计算机软件编程、测试以及数据库开发为主等；其中软件工程侧重软件理论研究，基础更扎实
080605	计算机科学与技术				√		
080619	计算机软件						
080615	集成电路设计与集成系统				√		从事集成电路（芯片）的设计、研发，硕士研究生学历是必要的
080614	信息显示与光电技术				√		从事显示屏、光纤通讯等产品的设计、制造等
080616	光电信息工程						专业口径较窄，除做理论研究外，可在企业从事研究、测试、维护和销售；与光电专业联系紧密
080624	电子信息工程				√		
080607	生物医学工程						医院、医疗器械企业从事研究、制造、维护和销售
080626	医疗器械工程						
080629	医学影像工程						
080901	测绘工程				√		从事航空航天、气象预测、地质探测、工程测量、全球定位等
080902	遥感科学与技术						
080903	空间信息与数字技术						
080303	工业设计		工业设计	物理、美术	√		从事工业品的外形、结构等功能设计
080623	数字媒体艺术		数字媒体	计算机、美术		√	利用计算机进行动画和美术效果的设计、编程等。类似职业培训
080628	数字媒体技术						

(续表)

专业代码	专业名称	专业类型	专业培养目标	专业基础理论	本科主修推荐专业	辅修及研究生推荐专业	就业方向说明
080501	热能与动力工程					✓	从事热能电工程的设计、安装、制造
080507	风能与动力工程					✓	从事风电工程的设计、安装、制造
080504	能源与环境系统工程		能源动力		✓		从事热、电、风能及太阳能等二次能源、清洁能源的利用、开发,如制冷
080505	能源工程及自动化				✓		
080506	能源动力系统及自动化						
080503	工程物理			数学、物理、化学	✓		从事核能利用、开发,核电工程管理,其中工程物理理论基本功要求最高。硕士研究生学历是必要的
080508	核技术	工程技术科学				✓	
080502	核工程与核技术						
080510	核化工与核燃料工程						
080511	核反应堆工程						
080509	辐射防护与环境工程						
071401	环境科学						从事土地、植物和水等自然资源的综合开发利用、建筑规划咨询、再生资源利用等领域,环境保护、废料处理、检测、评估及管理的研究;建议作为本科选修或研究生阶段进修课程;
071403	资源环境科学		环境工程	物理、化学	✓		
081105	资源科学与工程						
081005	环境科学与工程						
081001	环境工程						
070702	资源环境与城乡规划管理					✓	
090403	农业资源与环境					✓	
090402	水土保持与荒漠化防治					✓	
081003	水质科学与技术						
080109	地下水科学与工程						
081006	环境监察						

(续表)

专业代码	专业名称	专业类型	专业培养目标	专业基础理论	本科主修推荐专业	辅修及研究生推荐专业	就业方向说明
080702	城市规划				√		从事城市功能及配套软硬环境的设计
080701	建筑学				√		从事建筑外观、空间和功能设计
080703	土木工程						
081701	工程力学				√		从事建筑结构、力学、材料设计
081702	工程结构分析						
080724	道路桥梁与渡河工程		建筑景观			√	从事道路、桥梁的设计施工
080706	城市地下空间工程					√	从事城市地铁工程的设计施工
080713	景观学	工程技术科学		数学、物理	√		园林、景观设计
080714	风景园林						
080708	景观建筑设计				√		
080709	水务工程						水的利用和循环系统设计、管理
080705	给水排水工程						
080711	给排水科学与工程						
080801	水利水电工程		水利工程		√		从事水利资源开发、管理和保护
080802	水文与水资源工程						
080805	水资源与海洋工程						
080803	港口航道与海岸工程				√	√	从事港口规划、建设、施工和管理
080804	港口海岸及治河工程						

（续表）

专业代码	专业名称	专业类型	专业培养目标	专业基础理论	本科主修推荐专业	辅修及研究生推荐专业	就业方向说明
080306	车辆工程	工程技术科学	汽车工程	数学、物理	√		从事车辆的设计、制造和市场管理
080308	汽车服务工程					√	从事交通（信息化）管理
081201	交通运输		交通运输		√		
081209	交通设备信息工程						
081202	交通工程						交通工程的设计、管理及设备的使用
081210	交通建设与装备						
081203	油气储运工程						石油管道建设等工程技术
081205	航海技术				√	√	海洋船舶的驾驶及船务管理
081206	轮机工程				√		从事轮船动力和机电设备的设计和管理
081301	船舶与海洋工程				√	√	从事船舶的结构设计建造等工程技术
081208	海事管理				√		从事海洋渔业、运输、资源及纠纷管理
081101	化学工程与工艺		化工与制药	化学、物理	√		从事化工产品及药材的研究和工业生产、检验等
081104	化学工程与工业生物工程						
081102	制药工程				√		
081103	化工与制药						

附录四 大学专业目录快速检索表 273

(续表)

专业代码	专业名称	专业类型	专业培养目标	专业基础理论	本科主修推荐专业	辅修及研究生推荐专业	就业方向说明
081401	食品科学与工程	工程技术科学	食品加工	化学、物理	√		从事食品加工技术研究及生产、管理
081415	粮食工程					√	
081416	乳品工程					√	
081408	酿酒工程						
081409	葡萄与葡萄酒工程					√	
081407	食品质量与安全						在食品、医疗保健和新材料领域从事植物成分提取的技术研究和生产
081414	植物资源工程		非食品轻工		√		
081402	轻化工程					√	染料、皮革、造纸等轻型化工工艺的研究、生产，生物技术的运用
081410	轻工生物技术					√	
081403	包装工程					√	从事包装、印刷工艺的研究和相关生产、服务
081404	印刷工程					√	
081413	数字印刷						
081406	服装设计与工程				√		服装的设计、剪裁制版和生产
081405	纺织工程				√	√	从事各种纺织材料的工艺研究、生产及下游产品开发等
081412	非织造材料与工程					√	

(续表)

专业代码	专业名称	专业类型	专业培养目标	专业基础理论	本科主修推荐专业	辅修及研究生推荐专业	就业方向说明
070803	空间科学与技术		航空航天		√		在航天、国防领域从事空间资源利用、飞行器理论研究、设计等。硕士研究生的学历是必要的
081505	航空航天工程						
081506	工程力学与航天航空工程						
081501	飞行器设计与工程			数学、物理	√		在航天、民航、国防等领域从事飞行器的研究、制造和安全管理。卫星、飞机等飞行器研究生的学历是必要的
081502	飞行器动力工程						
081503	飞行器制造工程						
081507	航天运输与控制						
081504	飞行器环境与生命保障工程	工程技术科学			√		
081204	飞行技术				√		现代战争所需要的各种武器技术的研究和应用。若从事研究工作建议进修硕士研究生
081601	武器系统与发射工程		武器技术		√		
081602	探测制导与控制技术				√		
081603	弹药工程与爆炸技术				√		
081604	特种能源工程与烟火技术				√		
081605	地面武器机动工程					√	
081606	信息对抗技术					√	

(续表)

专业代码	专业名称	专业类型	专业培养目标	专业基础理论	本科主修推荐专业	辅修及研究生推荐专业	就业方向说明
	学科门类:矿产工程						
080106	地质工程	工程技术科学	矿产工程	数学、化学、地质学	√		在野外从事地质勘察和矿产资源勘测,服务于城市规划和土木工程项目
080104	勘查技术与工程						
080105	资源勘查工程						
080101	采矿工程				√		主要在矿山从事矿物的开采、生产、运输、加工、检测等技术研究和管理
080108	煤及煤层气工程						
080103	矿物加工工程						
080107	矿物资源工程						
080102	石油工程				√		在油矿从事开采、加工等
	学科门类:材料工程						
080201	冶金工程	工程技术科学	材料工程	化学、生物	√	√	各种材料的冶金工艺和生产工艺的研究,需要进修研究生
080205	材料科学与工程					√	
080206	复合材料科学与工程						
080209	粉体材料科学与工程						
080202	金属材料工程				√		钢铁及有色金属的冶炼技术研究、下游产品的制造、管理和销售
080211	稀土工程					√	从事稀土类有色金属的冶炼技术研究、下游产品制造、管理和销售

（续表）

专业代码	专业名称	专业类型	专业培养目标	专业基础理论	本科主修推荐专业	辅修及研究生推荐专业	就业方向说明
080203	无机非金属材料工程				√		水泥、石材、陶瓷、玻璃等的工艺研究和生产
080204	高分子材料与工程				√		纤维、塑料、橡胶等高分子材料的加工
080212	高分子材料加工工程						
080207	焊接技术与工程	工程技术科学	材料工程	化学、生物		√	金属制品的焊接工艺研究、检测和生产
080208	宝石及材料工艺学					√	宝石的开采、加工和销售
080213	生物功能材料					√	纳米等生物功能技术的研究、加工工艺，应用于包括医学在内的各个领域
080210	再生资源科学与技术						水、土地、风能、太阳能、沼气等可再生资源的开发利用
	学科门类：农学/林学						
090101	农学				√		
090106	植物科学与技术	工程技术科学	植物栽培	化学、生物	√		从事种子培育、种植技术、农产品检验、农用试剂的研究、生产和加工
090107	种子科学与工程					√	
090103	植物保护					√	
090108	应用生物科学					√	
081411	农产品质量与安全					√	

附录四 大学专业目录快速检索表

（续表）

专业代码	专业名称	专业类型	专业培养目标	专业基础理论	本科主修推荐专业	辅修及研究生推荐专业	就业方向说明
090102	园艺		植物栽培	化学、生物	√		从事园林中植物景观的设计、管理，旅游区规划以及草场保护等工作
090401	园林					√	
090201	草业科学					√	
090104	茶学						从事烟草和茶叶种植、加工和经营
090105	烟草						
090301	林学		林业工程		√		从事森林资源的保护、开发利用，尤其是以林木作为原材料的工业生产和销售
082001	森林工程						
082002	木材科学与工程						
082003	林产化工						
090302	森林资源保护与游憩	工程技术科学				√	
081901	农业机械化及其自动化		农业机械	物理	√		从事以农业机械为主的机械设计、制造、维修和销售；与其他机械工程类专业基本是相同的
081902	农业电气化与自动化						
081905	农业工程						
090109	设施农业科学与工程						
081903	农业建筑环境与能源工程						
081904	农业水利工程						
C90501	动物科学		动物研究	生物、动物学	√		从事动物的培育、保护等政策和市场的研究
C90303	野生动物与自然保护区管理					√	
C90502	蚕学					√	需要首先具有明确的职业取向；希望从事养蚕、养蜂或养鱼等工作之后再学习
C90503	蜂学					√	
C90701	水产养殖学					√	从事水产养殖或捕鱼等
C90702	海洋渔业科学与技术					√	
C90703	水族科学与技术					√	从事观赏动物的培育、养殖、销售等

（续表）

专业代码	专业名称	专业类型	专业培养目标	专业基础理论	本科主修推荐专业	辅修及研究生推荐专业	就业方向说明
	学科门类：医学类						
100311	医学实验		医学检验		√		从事医学实验、检验等医疗技术支持
100304	医学检验				√		
100303	医学影像学				√		
100305	放射医学				√		
100101	基础医学			生物、化学	√		从事除眼、耳、口腔、神经和妇产科外其他医学专业的研究和临床技术服务
100301	临床医学		西医临床		√		
100309	医学技术				√		
100312	医学美容技术				√		
080622	假肢矫形工程	工程技术科学			√		
100302	麻醉学				√		
100306	眼视光学				√		从事眼科保健、治疗服务
100308	精神医学				√		从事精神疾病的预防、咨询和治疗服务
100310	听力学				√		从事耳朵和听力功能治疗服务
100401	口腔医学				√		从事口腔保健、治疗、牙齿美容服务
100402	口腔修复工艺学				√		
100203	妇幼保健医学				√		从事妇产科的保健、生产和治疗服务
100601	法医学				√		为司法过程提供医疗鉴定、物理治疗的辅助侦探服务
100307	康复治疗学				√		从事医疗康复、物理治疗的服务管理
090601	动物医学				√		农林渔业动物及宠物医生

（续表）

专业代码	专业名称	专业类型	专业培养目标	专业基础理论	本科主修推荐专业	辅修及研究生推荐专业	就业方向说明
100501	中医学		中医临床	中医学、生物	√		中医科学的研究和临床治疗技术
100505	中西医临床医学				√		
100502	针灸推拿学				√		
100506	维医学					√	在新疆从事少数民族中医服务
100503	蒙医学					√	在内蒙古从事少数民族中医服务
100504	藏医学	工程技术科学				√	在西藏从事少数民族中医服务
100201	预防医学		预防与保健	生物			流行病预防、医学大众教育
100202	卫生检验					√	在工商、海关部门及卫生部门从事疾病预防、卫生检查工作
100204	营养学						从事食品研发及医疗保健咨询服务
100701	护理学		医学护理	生物、心理学	√		在医院等地为有特殊护理和治疗辅助需求者服务。是医疗服务提升和老龄社会管理的必要条件

（续表）

专业代码	专业名称	专业类型	专业培养目标	专业基础理论	本科主修推荐专业	辅修及研究生推荐专业	就业方向说明
	学科门类：药学类						
100801	药学						从事药品和制剂的研究、加工、检验和管理；临床药学侧重用药方法和药效评估等
100807	应用药学				√		
100808	临床药学				√		
100803	药物制剂						
100809	海洋药学	工程技术科学	药物研究	生物、化学		√	
090602	动物药学					√	
100810	药事管理				√		
100802	中药学					√	从事中药材的种植、加工、检验等
100804	中草药栽培与鉴定					√	
100806	中药资源与开发					√	
100805	藏药学					√	
100811	蒙药学					√	

附录五　《快速检索表》使用说明

1."专业类型"一栏明确了各个细分专业所归属的专业大类。大家可参考本书《学业规划篇》的相关章节中关于四大专业类型间的关系以及在专业选择中的不可逆规律,按照自己的学业规划目标和所处阶段来判断自己的首选专业类型。大原则是,在其他条件相同且能力均衡的情况下,优选基础专业(人文科学和理论科学),次选应用型专业(社会科学和工程技术科学)。

2."专业基础理论"一栏提供了基础学科和大学细分专业之间的对应关系。大家可以按照自己在不同基础学科的能力(成绩和兴趣)来选择自己的专业方向。基础理论不仅是进入一个专业的敲门砖,更是专业学习的能力保障,它可以在相当大的程度上决定我们专业学习的深度和宽度。建议在大家专业选择前应首先(可自学)了解基础学科理论的内容,理性评估自己对某一专业基础理论的学习兴趣和能力。

3."本科主修专业推荐"一栏第一次根据不同专业的宽度和延展性提出了在本科阶段专业选择的重心。大学本科阶段是专业学习的起点,是基础,因此,本科阶段最优的专业应具备基础宽、适用面大,专业理论体系完整等特点。请大家参考本书《专业解读篇》

中关于主修专业的优选标准来使用此表。

4."辅修和研究生专业推荐"一栏第一次尝试把更适合于自学及辅助性学习,以及适合在工作后在职学习的专业从大学专业目录中分离出来。其中一部分专业由于专业面偏窄,对学习者社会经验的要求更加严格因而被推荐作为研究生阶段的学习目标。大家可以根据自己使用此表的目的,所处的阶段来使用此表。

5.在主修和辅修专业推荐栏中,我们对专业基础理论重叠、培养方向相近或就业方向一致的细分专业做了合并。大家会注意到有很多专业是合并推荐、或合并解读的,即表格是打通的。我国是世界上本科专业划分最为繁琐的国家之一,合并同类专业的目的就是化繁为简,还专业目录一个更加清晰的轮廓。

6."就业方向"一栏用一句话来归纳总结该(类)专业的就业方向。同时对于就业方向相互交叉的专业进行了合并说明。特别需要注意的是,就业方向并非按照传统的"行业"来划分的。请大家参考本书《职业认知篇》中"职业的经纬度"一章,更好地理解就业方向和行业、职能之间的关系。

7.每个专业前的编号为教育部专业统一编号,如需找详细的专业说明,大家可根据此编号来查阅相关备案资料。

附录六 《快速检索表》编写说明

在以往的研究中，整理大学专业目录一直是一件我自己不太敢碰的工作。原因很多，最重要的一点就是现在的国内大学专业目录与国外大学专业目录相比太复杂了，且还有越变越繁琐的趋势，其中还有一些历史遗留问题不容易说清楚。要看懂这个专业目录，甚至还要对它做一些符合逻辑的整理是一件令人头痛，甚至可能会得罪人的事。此外，大学专业目录涉及的知识面过于庞大，几乎超越个人的知识和经验所及，因此难免会出现纰漏。

当写到"学业规划篇"及接下来的"专业解读篇"时，我的内心一直在挣扎。虽然个人的经验和能力会有局限，虽然会无形中增加很多工作量，但我却难以克服一种冲动——要碰一碰这个"禁区"。我十分确信，这本书的读者会需要它，尤其是那些正走到专业选择的十字路口的人。于是，在一个心情不错的夏日的早晨，我很贸然地开始了大学专业目录的整理工作，算是对自己多年心愿的一个了结吧。

在"主修专业如何选"的章节我列举了目前大学专业设置中存在的一些问题，也将我在整理过程中逐步总结出来的思路一一做了说明。这些心得和收获这里就不赘述了。我必须承认，这次尝试虽有一些收获但并不"尽兴"。不能尽兴的原因在于一些该"动手术"的地方可能我还不敢动;同时因为工作量超出了自己的预估,时间过于仓促,还有一些需要深入考证的地方并未完全展开。当然,让我依然感到欣慰的是,这次尝试让我们离得到一张看得懂的《大学专业目录》更近了一步。这对于千千万万的学生和家长来说或许是一个好消息吧。

《大学专业目录快速检索表》,以下简称《表》,仅是一种个人的思考,我不希望任何人把它当做标准答案,更不希望大家把它看做是什么权威。作为一个学者,我仅仅做了自己很想做、也认为应该做的一份工作而已。

《表》的调整方法及关健数据

一、关键数据

整理前的专业数为461个;精简后的专业数为318个。瘦身率为31%。

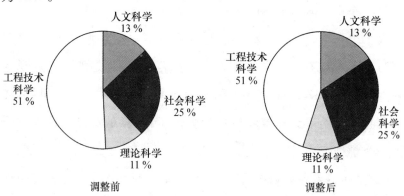

图 A.1 调整前后四大类专业类型的比例分布

其中，四大专业类型精简后的专业数及所包含的学科门类为：

1. 人文科学占 6 个学科门类，包括哲学类、政治学类、历史学类、中国语言文学类、外国语言文学类和艺术类。精简后共 50 个专业；

2. 社会科学占 9 个学科门类，包括经济学类、管理学类、心理学类、社会学类、法学类、公共安全类、教育学类、体育学类以及新闻传播类。精简后共 92 个专业；

3. 理论科学占 6 个学科门类，分为数学研究、物理研究、化学生物研究、地球研究、天文研究、海洋研究。精简后共 33 个专业；

4. 工程技术科学中有 6 个学科门类，包括机械电子类、矿产工程类、材料工程类、农林工程类还有医学和药学。精简后共 143 个专业。

本科主修专业推荐数为 153 个，占精简后专业总数的 48%，再次精简 52%。

表 A.1 四大专业类型调整前后的统计对比

专业类型	调整前专业数	调整后专业数		
		总数（瘦身率）	本科主修专业推荐数	研究生及辅修专业推荐
人文科学	61	50(18%)	22	28
社会科学	114	92(19%)	28	64
理论科学	52	33(37%)	25	8
工程技术科学	234	143(39%)	78	65
合计	**461**	**318(31%)**	**153**	**165**

二、工作内容

《表》第一次尝试把几百个大学专业放在一张表中做横向的对比性说明。这样做主要是为了帮助大家理解大学专业的整体格局,使信息更加透明。在这里,我把编写过程中的几个主要工作内容说明如下。

工作内容1:所有专业都与四大专业类型做了对应。

四大专业类型是专业分类的基础,因此,《表》中每个专业名称右侧的第一列就是"专业类型",便于大家对专业的基础属性有一个更直接、更直观的认识。

工作内容2:简练概括专业培养目标。

这次,我尝试用一个词来概括每个专业的培养大方向,对教育部或各大学所提供的动辄上千字的专业说明资料希望做一个高度浓缩,以增加这个表的实用性,帮助大家提高对专业学习方向定位的理解。当然,要深入理解一个专业,阅读详细的专业说明仍然是不可替代的。

工作内容3:列出与专业关键能力相关的基础理论。

每个大学专业都与中学的基础学科联系紧密,如数学、语文、物理、生物、化学、历史、地理等。中学的基础学科构成了大学专业学习的理论基础。因此,读者完全可以根据自己对中学基础学科的学习兴趣和学习优势来更理性地验证自己专业选择的准确性和科学性。中学的学习不仅为了应对高考,更是为了后续的专业学习打下基础。

工作内容4:大学主修专业推荐。

根据"专业解读篇"中"主修专业如何选"一文中所提出的原则性思路,我第一次尝试对461个大学专业中更适合作为主修专业方向的重点专业做了推荐。这些被推荐的专业均在"理论体系"、"专业宽度"以及"对社会经验的依赖度"等方面更适合高中毕业的学生把其当作为专业学习的起点。

工作内容5:大学辅修或研究生专业推荐。

根据专业解读篇中"辅修专业如何学"一文的观点,我对更适合作为本科辅修专业来学习或自学的专业,以及更适合在研究生阶段深入学习专业分别做了推荐。之所以要建立专业的三个层次,并不是为了简单地证明某某专业不好,而是我认为专业学习应该是分层次的,应该逐步深入,且有主有次。每个人根据自己的目标和习惯不同选择不同的专业和学习步骤,在更合适的时间,用更有效率的方式来学习。当然,的确有些专业因为专业理论体系过于薄弱,"水分"过大,如一些几乎可以等同于技术培训的专业,需要大家谨慎对待。也有一些专业不建议没有工作经验的学生来学习。专业学习不能急功近利、毕其功于一役。大家需要静下心来仔细思考,不能用简单否定或肯定的方式来对待任何一个专业的选择。

工作内容6:一句话概括就业方向。

就业或者说职业方向是大家在选择专业时最关心的问题之一。因此,为了增加此表的可读性,我在表的最后对专业的就业方向做了一句话概括。虽然不尽全面,更说不上是点睛之笔,只希望能给专业选择一个落地生根的机会。

工作内容7:进行部分专业的合并。

很多专业的培养方向和教学内容有雷同的地方,为了简化大家的阅读过程,我也 并对相近专业做了合并。当然,由于时间有限,且并未对所有专业做一一考证,所以此次专业合并的工作做得并不彻底。但即便与此,专业瘦身率仍然达到了31%。

  关于这张表我个人有一个心愿,那就是希望每年可以更新它,让它更有层次、更科学、更准确。此外,因我所做的工作仅仅是抛砖引玉,如果有读者不同意我的某个观点或处理方法,我都非常愿意倾听,甚至应该说这正是我所期待的。我相信整理大学专业目录的工作其实需要很多人来共同完成,也需要有越来越多的人参与到思考、提问、挑战以及求证的过程中来。

作者 周丽虹
2013 年 3 月

致 读 者

亲爱的读者：

　　感谢大家和我一起分享"职业启蒙教育丛书"！职业是一个个性化的命题，这里没有标准答案，更没有完美的思路，有的只是我们每个人永不停歇的思考和探索。如果说我对这套书有所期待，就是希望它像火种，能够由每位关心它的读者传递出去，直到希望的彼岸。

　　欢迎大家加入我们的读者qq群（176757994）或关注我的微博（51彩虹心），分享你的内心体会和思路，以及关于下面这些问题你的补充、更正或建议。

　　1.《职业是什么》一书中除了现有的九个问题，你认为还有哪些容易使人困惑的职业问题应纳入后续的讨论？

_____

　　2.关于学业规划，你希望后续纳入研究和讨论的问题有哪些？

_____

　　3.《学业规划之棋局》中的"大学专业快速检索表"，除了现有的460多个专业，你建议再增加哪些专业的解读和推荐？

_____

　　4.《资深职业经理人带你入行》一书除了现有的10大行业外，你感兴趣的还有哪些行业？

_____

　　5.《职业伴你成长——拓展手册》中你认为应增加哪个主题的练习或拓展活动。

_____

　　职业的路上有你、有我！感谢大家一路同行！

作者　周丽虹